직지심경 강의

과거 칠불과 인도의 조사들

직지심경 강의

과거 칠불과 인도의 조사들

백운경한 스님 초록
덕산 스님 해설

클리어마인드
CLEARMIND

머리말

『직지심경直指心經』은 고려시대 고승인 백운경한白雲景閑
(1299~1374) 화상이 펴낸 책으로 깨달음에 대한 선禪의 지
침서라고 할 수 있습니다. 내용 면에서도 고려 선종사에서
귀중한 문헌이지만 세계 최고最古의 금속활자본으로서 온
대한민국 국민이라면 누구나 자랑으로 여기는 성보 문화재
이기도 합니다.

『직지심경』을 줄여서 부르는『직지』는 1372년(공민왕 21)
에 저술되었습니다. 1377년 청주목의 흥덕사興德寺에서 금
속활자로 인쇄되었는데, 2001년 유네스코 세계기록유산으
로 등재되었습니다. 1972년 프랑스 파리에서 열린 세계도
서의 해 기념전시회에 출품되어 세계 최고의 금속활자본으
로 공인받기도 했습니다. 사찰 나름의 재래방법으로 활자
를 만들어 인쇄한 것으로, 목활자가 섞이고 크기와 모양이

고르지 않으나 그 역사적 의미는 매우 크다고 합니다. 『직지』하권은 프랑스 국립도서관에 보관이 되어 있고 상권을 찾기 위해서 많은 노력을 하고 있지만, 상권은 아직 찾지를 못하고 있습니다. 하루 속히 상권을 찾을 수 있기를 간절히 기원합니다.

『직지』의 본 이름은『백운화상 초록 불조직지심체요절白雲和尙 抄錄 佛祖直指心體要節』입니다. 우리가 간략하게 『직지』라고 부르는 것입니다. '직지'는 본래 '직지인심 견성성불直指人心 見性成佛'을 뜻하는데, 사람의 마음을 바로 보고 본래 마음자리를 깨닫게 되는 것을 견성성불이라고 합니다.

『직지』의 편저자인 백운 화상은 휘가 경한이고 호는 백운입니다. 전라도 고부 사람이고 동진 출가를 하시고 일찍 승과에 합격한 분이십니다. 한학 공부도 많이 하신 백운 화상은 당시 67세의 고령에도 불구하고 중국 절강에 들어가

평생 수행하신 것을 인가받기 위해서 임제종臨濟宗 18대 손인 원나라 석옥청공石屋淸珙 선사를 찾아갔습니다. 백운 화상이 석옥 선사로부터 선문답을 통해 인가를 받고 『불조직지심체요절』이라는 책을 받아 국내에 들어와 제자들의 참선교재로 사용했던 것을, 그 후 흥덕사지에서 제자들이 금속활자로 다시 제작을 한 것입니다.

『불조직지심체요절』에는 백운 화상께서 편집한 『선문염송』 『치문경훈』의 내용과 과거 7불佛의 게송, 석가모니 부처님으로부터 법을 받으신 인도의 가섭 존자로부터 28조 달마 스님까지의 게송이 들어있고, 중국 110분 선사들의 선의 요체 등 여러 고승들의 법거량과 선문답, 일화가 상·하 두 권으로 나누어져 있습니다.

본 강으로 들어가기 전에 여러분들이 경전을 공부하는 데 도움이 되도록 '체體'와 '용用'을 설명 드리도록 하겠습니다.

'체'라는 말은 우주의 근본 실상實相을 말하는 것입니다. 수행자가 수행을 통해서 본래 마음을 깨닫는 것을 견성성불見性成佛이라고 합니다. 우주의 근본 실상은 물질이 아니기 때문에 이름을 붙일 수가 없어 부득이 '마음'이라고 부른 것입니다. 그러나 본래는 모양이 없으니 어떤 이름도 붙일 수가 없습니다. 그래서 문자와 언어를 떠난 자리를 바로 '체'라고 이야기하는 것입니다.

'용'이라는 것은 체에서 작용을 통해서 나타나는 현상세계, 물질의 세계를 말하는 겁니다. 본래 실상은 모양이 없어서 어떤 이름도 붙일 수가 없는 자리이니, 모양이 없는 자리에서 인연 따라 나타나는 현상계는 우리 눈에 모양이 있는 것으로 보이지만 역시 모양이 아닙니다. 허깨비나 꿈속에서 나타나는 허망한 모양과 같아서 공하다는 것입니다.

『반야심경』에서 '색色'과 '공空'이 둘이 아닌 하나라고 했듯이 '체'와 '용'도 분명 하나이고 둘이 아닙니다. 유위법有為法은 물질로 된 세계뿐만이 아니라 우리가 마음속으로 좋다 나쁘다 하는 생각들도 모두 유위법이라고 할 수가 있습니다. 예를 들어, 시간적으로 볼 때 원자 자체도 1초에 99억 번을 진동하고 있기 때문에 시간성, 공간성이 없습니다. 그러니 물질이 본질적으로는 입자粒子가 아니라 에너지, 즉 파동波動이라는 현대물리학의 입장과도 상통합니다.

다시 말해 '체'는 문자와 언어로 표현할 수 없는 자리를 말하는 것이고 '체'에서 작용을 통해 인연 따라 나타나는 '용'의 현상계 역시 모양이 아니라는 이 도리를 아셔야 됩니다. '체'와 '용'을 바로 아셔야지 『직지』의 내용을 이해할 수가 있습니다.

이 책은 2006년, 2009년에 충북 청주 시민과 불자들을 대상으로 강의한 『직지심경』 강의 중에서 핵심적인 내용을 정리해서 불자들의 실제적인 수행에 도움이 되도록 엮었습니다. 이번에 출간하는 『직지심경』 강의록 1권은 『직지심경』 상·하권 가운데 상권의 과거 7불과 인도의 조사 27분의 깨달음의 노래와 선문답을 모아 해설한 책입니다. 앞으로 나머지 부분도 추가로 정리해 발간할 계획입니다.

이 책은 여러분들의 정성스런 노고가 있었기에 나올 수 있었습니다. 혜은사 신도님들과 책을 단정하게 만들어준 클리어마인드 오세룡 사장님 이하 직원분들께 깊이 감사드립니다. 많은 국민이 『직지』의 이름만 알고 내용을 잘 모르는 상황에서, 이번 강의록이 국민의 심성을 정화하고 맑고 밝고 아름다운 사회를 건설하는 밑거름이 되길 발원합니다.

2010년 4월

청원 혜은사에서 덕산 합장

목 차

머리말

과거의 일곱 부처님

인도의 조사들

과거의
일곱 부처님

01 비바시 부처님

과거 장엄겁의 비바시 부처님께서 게송으로 말씀하셨다.

身從無相中受生 신종무상중수생

猶如幻出諸形相 유여환출제형상

幻人心識本來無 환인심식본래무

罪福皆空無所住 죄복개공무소주

몸은 형상이 없는 데에서 생겨나니

환술이 온갖 형상을 만들어낸 것과 같네

환술로 만들어진 사람에게는 마음이 본래 없으니

죄와 복은 모두 공하여 머물 곳이 없네.

■ 해설

　과거칠불 가운데 한 분인 비바시 부처님〔毘婆尸佛〕께서 전법게, 즉 법을 전하는 게송으로 말씀하신 법문입니다.

　과거칠불過去七佛이란 석가모니 부처님과 그 이전에 세상에 출현하였다고 하는 여섯 분의 부처님을 말합니다. 즉 비바시불毘婆尸佛 시기불尸棄佛 비사부불毘舍浮佛 구류손불拘留孫佛 구나함모니불拘那含牟尼佛 가섭불迦葉佛 석가모니불釋迦牟尼佛을 가리킵니다. 불교에서는 누구든지 깨달음을 얻어서 부처님이 될 수 있기 때문에, 석가모니 부처님 이전에도 깨달은 분이 있을 가능성이 있습니다. 그러나 역사에 기록된 부처님은 오직 석가모니 한 분이며, 나머지 여섯 분의 부처님은 과거불 사상이 전개됨에 따라 나타난 것으로 보입니다. 과거불 사상은 부처님의 본생담本生譚 및 미래불 사상과 밀접하게 연관되어 있으며, 대승불교에서 전개된 불타관佛陀觀의 원천이 되었다고 합니다.

본문에서 '겁劫'이란 숫자로 나타낼 수 없는 무량한 시간을 말합니다. 예를 들면, 미륵 부처님께서 석가모니 부처님 열반 뒤 56억 7천만년 후에 사바세계에 오신다고 한 것처럼 불교에서는 무한한 시간을 상징적으로 표현하고 있습니다. '장엄겁'이라는 것은 20증감겁 가운데 과거에 속하는 겁으로, 우리가 상상할 수도 없는 시간을 말합니다. 그러나 여러분 본래 마음자리는 장엄겁 전이나 후에도 항상 그 자리였던 것입니다. 이때 부처님께서 어떤 말씀을 하셨나 내용을 보도록 하겠습니다.

몸은 형상이 없는 데에서 생겨나니

물질은 본래 모양이 없는 실상인 '체'에서 인연 따라 나타나는 것입니다. 본래 모양이 없는 것이기 때문에 모양이 없는 곳에서 인연에 의해서 나타나는 현상계도 역시 참된 모양이 아닌, 환상이란 것입니다. 그래서 몸은 형상이 없는 것에서 생겨난다고 말하는 것입니다. 육신도 시간적으로 볼 때 1초에 99억 번을 진동하고 있다면 고정불변한 실체가 아니라는 말입니다.

환술이 온갖 형상을 만들어낸 것과 같네

마음이 실상實相을 바로보지 못하는 가운데 '있다' '없다'고 하는 분별심에 의해서 나타나는 것이 우리가 경험하는 세계라는 말입니다. 온갖 형상이 있는 것처럼 보이지만 실상이 아닌 허깨비여서 환술幻術이라고 이야기하는 것입니다. 사실이 아니라는 말이지요. 마술사가 우리 눈을 속여 마술로 온갖 것을 만들어 내잖아요?

부처님 경지에 들어간다는 것은 문자와 언어를 초월한 자리, 무엇으로도 표현할 수 없는 둘이 아닌 하나의 경지에 들어가는 것이기에 번뇌가 들어갈 수 없습니다. 그런데 이론적으로는 이해가 되지만 우리는 사실이 아닌 것을 알면서도 끄달려 가잖아요. 바로 익혀온 습瓂 때문에 그런 것입니다. 육신뿐만 아니라 번뇌와 망상에 의해서 나타나는 현상계는 사실이 아닌 환상입니다. 만약 우리가 경험하는 세계가 진실이 아님을 안다면 괴로움에서 벗어날 수가 있지만 사실이 아닌 것을 사실인 양 집착하고 사는 세계여서 고통의 세계, 즉 사바세계라고 말을 합니다. 이 사바세계, 현실 세계라는 것은 어쩔 수 없이 견뎌야 되고 참아야 된다고 해서 감인세계堪忍世界라고도 합니다. 사실 알고 보면 참을 것도 없는 것인데, 우리가 진실을 모르면 어쩔 수 없이 견디고 참을 수밖에 없다는 말입니다.

환술로 만들어진 사람에게는 마음이 본래 없으니

이 내용은 '체'의 자리에서 말을 하고 있는 겁니다. 환술로 나타나는 현상세계의 근원은 모양을 떠난 자리라 이름을 붙일 수 없다고 했습니다. 그러나 중생을 제도하는 차원에서 마음이라고 이름을 붙여 놓은 것이고, 인격적으로 부처님이라고 이름을 붙여 놓은 것입니다.

'몸은 형상이 없는 데에서 생겨나니 환술이 온갖 형상을 만들어 놓은 것 같네' 이 부분은 '용' 차원에서 말을 하는 것이고, '환술로 만들어진 사람에게는 마음이 본래 없으니' 이 부분은 '체' 차원에서 말을 하는 겁니다. 이와 같이 '체' 와 '용'을 하나로 보면 부처님 실상의 세계를 이해할 수가 있을 것입니다.

죄와 복은 모두 공하여 머물 곳이 없네

죄라는 것과 복이라는 것도 사실 우리의 생각에서 개념으로 만들어 놓은 것입니다. 우리가 사는 현실 세계는 하루라도 남을 속이고 나를 속이지 않으면 살 수가 없습니다. 사실 남을 속여서 상대는 모른다고 하지만, 자기 자신은 알고 있겠지요? 자기 자신은 바로 부처이기 때문에 '본래 부처' 자리는 속일 수가 없습니다. 내가 행한 것은 남은 모르지만 나는 알고 있기 때문입니다.

'체'의 자리에서 보면 현상계에서 내가 행한 것은 사실이 아닌데 이렇게 저렇게 분별해 놓은 것입니다. 다시 말씀드리면, 우리가 육안으로 보는 세계는 사실이 아닌 환상이라고 그랬잖아요. 사실이 아닌 것을 육안으로 보고 생각으로 분별을 일으켜 좋다 나쁘다 하며 애증愛憎을 일으킵니다. 사실이 아닌 것을 가지고 알음알이로 만들어 놓은 것입니다. 이것은 인과가 성립이 됩니다.

『금강경』에 '응무소주 이생기심應無所住 而生其心'이라는 말이 나옵니다. '응당 머무르는 바 없이 그 마음을 써라', 즉 집착하지 말고 살라는 말씀입니다. 그러나 우리는 속고 있고 속임을 당할 수밖에 없습니다. 눈으로 보고 귀로 듣는 것이 사실이 아님에도 속는 것입니다. 본래 '체'의 자리에서는 '죄'와 '복'이라는 것은 존재하지 않습니다. 다만 우리가 이것을 하면 죄가 되고 복이 된다는 생각이 인과를 만들어 놓은 것입니다. 본래는 없는 것입니다. 내가 보고 행한 것은 진실이 아닌 것을 생각으로 만들어 놓은 것이라 속고 있는 것이라 할 수 있습니다. 그래서 사람들은 윤회를 벗어나지 못하는 것입니다.

지금 우리가 살아가는 현실도 과거 생에 뿌려놓은 씨앗이 자라나서 다시 돌아오고 있는 것입니다. 우주의 근본실상에서 보면 사실이 아닌데 '있다'라는 생각이 스스로 인과를 만들어 놓는 것입니다. 여기서 죄와 복이 공하다는 것은 '체'에서 보면 없다는 것입니다. 본래는 하나의 마음이기 때문에 오고 감이 없습니다. 모양이 있는 것은 오고 감이 있지만, 모양이 없는 자리에서는 오고 감이 모두 끊어져 인과가 없는 것입니다. 바로 죄와 복도 '체'의 자리에서는 없지만, 경계에 끄달려 가는 중생의 입장, 즉 '용'의 차원에서는 다시 죄라는 생각과 복이라는 생각을 만들게 됩니다.

　비바시 부처님은 깨침의 진리인 실상, 둘이 아닌 '체'의 세계를 깨달은 자리에서 말씀을 하고 계십니다. 우리도 이 경계까지 들어가야 하지 않을까요. 이 자리는 절대 이론으로 들어갈 수 있는 것이 아니고 오직 정진을 통해서만 경계에 들어갈 수가 있음을 명심하셔야 합니다.

02 시기 부처님

시기 부처님은 앞의 겁과 같은데, 게송으로 말씀하셨다.

起諸善法本是幻 기제선법본시환

造諸惡業亦是幻 조제악업역시환

身如聚沫心如風 신여취말심여풍

幻出無根無實相 환출무근무실상

모든 착한 법 일으키는 것도 본래 환술이요

온갖 악업 짓는 것 또한 환술이네

몸은 물거품과 같고 마음은 바람과도 같으니

환술로 생겨난 것에는 근본도 실상도 없네.

■ 해설

시기 부처님〔尸棄佛〕은 비바시 부처님 다음 과거 장엄겁에, 사람의 수명이 7만 세가 될 때 세상에 나오신 부처님이십니다.

시기 부처님은 모든 착한 법 일으키는 것도 본래는 사실이 아니라고 말씀하십니다. 본래 '체'의 자리에서는 착하다는 생각뿐만 아니라 어떤 생각을 일으켜도 번뇌라고 했습니다. 왜냐하면 진리 실상의 세계는 모양이 없는 자리이니까, 입을 떼면 그르칩니다.

여러분께 연필을 들어 보이며 "일러 보시오!"라고 하면 무엇을 묻는 것입니까? 바로 연필의 본래자리를 일러 보라고 하는 것입니다. '체'의 입장에서 묻고 있는 겁니다.

그런데 여러분이 연필의 본래자리에서 입을 떼도 답이 아니고, 입을 떼지 않아도 틀렸다는 말입니다. 연필은 본래 어디서 나온 것입니까? 바로 마음에서 나왔다고 이야기를 합니다. 그런데, 마음은 있긴 있지만 모양이 없죠? 모양이 없기 때문에, 그 자리에 대해서 어떤 이름도 붙일 수가 없다고 했습니다. 그러므로 있다고 해도 답이 아니고, 모양이 없다고 해서 없다고 부정할 수도 없다는 말입니다. 있기는 있는데 모양이 없을 뿐입니다.

우리가 듣는 것도 귀가 듣는 것이 아니라 마음이 귀를 통해서 듣고 있는 것입니다. 마음이 빠져나가면 귀가 있어도 들을 수가 없습니다. 마음이 분명 보고 듣는 것인데, 마음이 있다고 하면 모양이 있어야 있다고 하는 것이고 없다면 아주 없어야 되는데 있기는 있거든요. 이 자리를 우리가 중도中道, 또는 실상이라고 말을 하는 것입니다.

선사 스님들께서 주장자를 내리치며 "일러라!" 하시면서 "입을 떼도 삼십 방棒이고 입을 떼지 않아도 삼십 방을 내려칠 것이다" 하는 말들이 본래 실상을 일러 보라는 말씀입니다. 입을 떼면 답이 아니라는 말이지만, 입을 떼지 않아도 답을 하지 못한 것입니다. 이럴 때 어떻게 해야 될까요?

이때 손가락을 내보이시면 본래 '체'와 '손가락'은 하나라는 뜻을 드러내는 것입니다. 그 자리와 하나이기 때문에 답이 되는 겁니다. 우주의 근본 실상에 대해선 말로 설명하면 답이 아닙니다.

만공 스님이 젊은 시절에 견성을 했다고 소문이 났어요. 그래서 스승인 경허 스님께서 만공 스님을 찾아가서 대나무로 엮은 토시를 보이며 "네가 견성했다고 하는데 일러 보아라!" 하셨어요.

그래서 만공 스님께서 "토시라고 해도 맞고 토시가 아니라고 해도 맞지 않습니다" 이렇게 답을 했습니다. 그러자 경허 스님께서 "아직 멀었다. 더 정진하거라" 이렇게 점검하셨습니다.

왜냐하면 경허 스님의 질문은 토시의 본래자리를 일러보라고 한 것이거든요. 이처럼 본래 실상인 '체'의 자리에서는 어떤 이름도 붙일 수가 없습니다. 다만 선문답에 있어서는 답을 해야 되니까, 주먹을 내보인다거나 손가락을 내보이면 답이 되는 겁니다.

달마 스님께서 혜가 스님께 법을 전하는 내용이 나옵니다. 제자들에게 "너희들이 그동안 공부한 것을 일러 보아라" 했을 때 다른 제자들이 여러 가지 답을 했지만, 인가를 하지 않다가 마지막에 혜가 스님께선 절을 삼배만 하고 나갑니다. 그러자 달마 스님께서 "혜가는 나의 불성佛性을 얻었다" 하시며 인정을 해주었습니다.

그와 같이, 본래 실상자리에서는 어떤 표현도 할 수 없는 자리이니까, 거기서 나온 현상계도 역시 사실이 아님을 아셔야 합니다.

모든 착한 법 일으키는 것도 본래 환술이요
온갖 악업 짓는 것 또한 환술이네

착하다는 생각, 악업을 짓는다는 생각도 모두 내가 만들어 놓은 것입니다. 착하다는 생각, 악하다는 생각도 본래는 대상이 없는 것이니 사실이 아닌 환상이라는 말씀입니다. 옳으니 그르니, 잘생겼니 못생겼니, 사랑하느니 미워하느니 하는 온갖 분별심이 본래자리에서 일으킨 허무한 '한 생각[一念]'에 불과하다는 것입니다.

몸은 물거품과 같고 마음은 바람과도 같으니

인간세계에서 백년을 산다면 오래 산다고 하지만, 천상세계인 도리천에서 보면 우리의 삶이라는 것은 하루살이에 불과합니다. 우리의 삶, 물질이라는 것은 시간적으로 볼 때 1초에 99억 번 진동하고 있기 때문에 굉장히 빠른 속도로 변하고 있습니다. 1초 전과 1초 후가 같지 않습니다. 진동을 하고 있지만 우리가 느끼지 못할 뿐입니다. 그러나 우리가 고요한 경지에 들어가면 느낄 수는 있습니다. 청화 스님께서 젊은 시절 정진하실 때 장좌불와長坐不臥를 47년간 하셨다고 하는데, 어느 때는 천상의 음악이 들렸답니다. 깊은 고요 속에 들어가면 우리가 느끼지 못하는 세계까지도 느낀다는 이야기입니다. 깊이 깊이 들어가 시간과 공간을 초월하게 되면 하늘과 땅이라는 것도 공간성이 없는 거예요. 그 경지까지 들어가면 천상의 음악까지도 들을 수가 있답니다. 우리도 그런 능력을 모두 가지고 있지만, 계발해서 쓸 수 없을 뿐입니다.

우리가 수행을 한다는 것은 시간과 공간을 초월한 진여眞如의 자리로 돌아가자는 이야기입니다. 물질로 된 모든 것은 물거품과 같이 일어났다 금방 꺼지잖아요. 우리가 쓰는 생각이라는 것은 시시각각 변합니다. 그러나 본래 '체'에서는 오고 감이 없는 자리이니까, 천년 전이나 천년 후나 본래의 마음자리는 항상 그대로라는 말입니다.

환술로 생겨난 것에는 근본도 실상도 없네

환술로 나타나는 현상세계는 근본도 실상도 아니라는 말씀입니다. 참모습이 아닌 거짓이란 것이지요. 우리가 전도된 망상으로 본래 없는 허깨비를 있다고 착각한다는 뜻입니다. 그래서 『능가경』에서는 '토끼뿔〔兔角〕'이니 '거북털〔龜毛〕'이니 하는 말이 나옵니다. 일체 만유는 존재하는 것 같지만 꿈같이, 환상같이, 아지랑이같이, 번개같이 허무한 것이라는 뜻입니다. 실체는 없고 이름으로, 개념으로, 가상으로만 존재하는 것이 우리가 보고 듣는 현상계라는 상징입니다. 이 부분들은 바로 '용' 차원에서 말씀하고 계신 겁니다.

03 비사부 부처님

비사부 부처님도 앞의 겁과 같은데, 게송으로 말씀하셨다.

假借四大以爲身 가차사대이위신

心本無生因境有 심본무생인경유

前境若無心亦無 전경약무심역무

罪福如幻起亦滅 죄복여환기역멸

사대를 빌려서 몸으로 삼았고

마음은 본래 생겨나지 않았으나 대상을 따라서 있게 되었네

앞에 대상이 없다면 마음 또한 없으니

죄와 복도 환술과 같아 생겼다가 사라지네.

■ 해설

비사부 부처님〔毘舍浮佛〕은 과거칠불 가운데 세 번째 분으로, 장엄겁 시기에 인간의 수명이 6만 세일 때 출현하신 부처님이십니다. 장엄겁 전에도 부처님이 계셨지만, 지금 현실은 석가모니 부처님을 기준으로 말법 시대라고 말하고 있습니다. 불교 차원에서 부처가 되기 위한 노력은 하지 않고 말이나 입으로만 하는 세상을 말법 시대라고 합니다.

부처님께서 열반에 드신 지 삼천 년도 안 되었지만, 56억 7천만년 후에는 이 불교가 존재할 것이라고 생각하십니까? 지금 지구는 환경 파괴로 인해 균형이 깨져서 이 지

구가 어떤 방향으로 갈지 아무도 모릅니다. 우리가 지금 환경을 살리지 못하면 지구는 더욱 빠른 속도로 망가집니다. 그러면 우리가 살 수 없는 환경으로 바뀔 수도 있다는 이야기입니다.

그러나 지구를 살릴 수 있는 오직 유일한 대안이 있는데 바로 부처님 가르침입니다. 부처님께서는 일체 만물을 하나로 보기에 지구가 망가진다는 것은 우리도 같이 망가질 수밖에 없다는 뜻이 됩니다. 전자 현미경은 일반적으로 만 배 확대경입니다. 이 전자 현미경으로 보면 우리 모두는 떨어져 있는 것이 아니라 모두 연결되어 있습니다. 우리는 하나 속에 있는 것입니다. 우리가 생각으로 나다 너다 분별하는 것이지 사실은 하나라는 것입니다.

이 지구가 56억 7천만년 후에 어떻게 될지 우리는 예측할 수 없습니다. 만약 지구가 태양과 멀어지면 얼음덩어리로 바뀌고 태양과 가까워지면 불덩어리로 바뀌는데, 과연 우리가 살아남을 수 있겠습니까? 부처님 말씀을 보면 장엄겁 전, 우리가 상상할 수 없는 과거에도 부처님이 계셨다고 합니다. 과거에도 천 분의 부처님이 있었다는 것입니다.

부처님께서 사바세계에 오신다는 것은 결코 쉬운 게 아님을 알 수 있어요. 그런데 56억 7천만년 후에 미륵 부처님이 오시면, 그 시대에는 사람들이 순수하게 변한답니다. 그때는 사람들이 모두 순수하게 법을 받아들인답니다. 그러나 지금은 말법 시대이기 때문에 아무리 일러 주어도 잘 받아들이지 않습니다.

사대四大를 빌려서 몸으로 삼았고

사대四大는 지수화풍地水火風으로 구성된 물질의 세계를 말합니다. 여기서 지地란 땅을 뜻하며 견고한 성질을 의미합니다. 육체로 비유하면 뼈와 같은 굳은 것을 가리킵니다. 수水란 물을 뜻하며 유동성을 의미합니다. 육체로 비유하면 피와 고름 등을 가리킵니다. 화火는 불, 곧 뜨거운 성질〔熱性〕을 뜻합니다. 육체로 비유하면 체온이 됩니다. 풍風이란 바람이자 움직이는 성질〔動性〕입니다.

인체는 이러한 네 가지 원소로 이루어졌는데 각기 성질이 모두 다릅니다. 똑같은 성질은 합쳐지지만 다른 성질은 끊임없이 진동하며 충돌을 합니다. 물질로 이루어진 것은 다른 성향의 물질로 이루어진 것이기에, 1초도 머물러 있지 않고 충돌하여 변할 수밖에 없다는 말입니다.

마음은 본래 생겨나지 않았으나 대상을 따라서 있게 되었네

본래의 마음은 물질이 아니기에 생기는 것도 없어지는 것도 아니라고 말씀드렸습니다. 『반야심경』에서도 '불생불멸不生不滅(생도 없고 멸함도 없다)'이라고 합니다. 바로 '체'자리를 말씀하는 겁니다. '체'에서는 마음이라는 것도 있을 수 없는 것인데, 대상이 없으면 마음도 없는 거예요. 대상이 있어야 마음이 비로소 있는 것입니다.

앞에 대상이 없다면 마음 또한 없으니

모든 경계가 없으면 마음 또한 없는 것이라는 말씀입니다. 우리는 육안의 눈으로 보며 살고 있는 중생이기 때문에 대상과 경계에 끄달려 갈 수밖에 없어요. 보고 듣고 냄새 맡고 감각을 느끼고 생각하는 과정에서 대상에 물들어 집착하며 흔들리며 살 수밖에 없는 것입니다. 그러나 우리가 현실에서 경험하는 경계나 대상이 본래는 없는 것이고, 그것을 인식하는 마음 역시 대상이 없으면 존재할 수 없는 것임을 알아야 합니다.

죄와 복도 환술과 같아 생겼다가 사라지네

죄와 복이라는 관념도 인연 따라 이것은 죄가 되고 복이 된다는 생각에 의해서 만들어진 것입니다. 『천수경』에 "죄는 뿌리가 없으며 마음이 일으킨 것이다. 마음이 만약 멸하면 죄도 역시 없어지리라. 죄가 없어지고 마음이 멸하여 양자가 공하면 이것을 일러 진참회眞懺悔(진정한 참회)라고 한다"는 구절이 나옵니다.

그와 같이 죄는 원래 뿌리가 없는 것입니다. 모든 것이 비었듯이 죄의 본성도 비어있는 것입니다. 죄는 스스로 있는 것이라고 생각해서 있는 듯이 여겨질 뿐입니다. 그 때문에 죄의 속성이 비어있는 이치를 따라서, 참회하는 마음이 지극하여 마음이 비워지면 죄도 또한 사라진다는 이치가 성립됩니다. 만물의 속성이 비었음을 깨닫고 마음에 옳으니 그르니 하는 판단이나 망상과 분별이 일어나지 않으면, 그 사람이 참된 공부인인 것입니다.

04 구류손 부처님

구류손 부처님은 현재 현겁의 첫 번째 부처님인데, 게송으로 말씀하셨다.

見身無實是佛見 견신무실시불견

了心如幻是佛了 요심여환시불료

了得身心本性空 요득신심본성공

斯人與佛何殊別 사인여불하수별

몸이 실체가 없음을 보는 것이 부처님의 봄이요

마음이 허깨비와 같음을 깨닫는 것이 부처님의 깨달음이네

몸과 마음의 본성이 공한 줄 안다면

이 사람이 부처와 무엇이 다르랴!

■ 해설

칠불 가운데 세 부처님은 과거불이라고 이야기하고 구류
손불부터 구나함모니불, 가섭불, 석가모니불까지를 현재
의 부처님이라고 이야기합니다. 구류손 부처님〔拘留孫佛〕은
사람의 수명이 4만 겁일 때 나오셨다고 합니다.

몸이 실체가 없음을 보는 것이 부처님의 봄이요

우리가 머리로, 생각으로 이해하는 것을 해오解悟라고 하
고 수행을 통해서 깨닫는 것을 증오證悟라고 합니다. 우리

는 지금 이론 공부를 통해 해오를 하는 것입니다. 곧바로 증오하는 사람은 매우 드물기에, 해오를 통해서라도 공부 길을 열어가는 것입니다.

앞에서 거듭 말씀드렸지만 육신뿐만 아니라 모든 물질로 된 세계는 사실이 아닌 환상인데, 환상을 사실이 아닌 것으로 보는 안목이 바로 부처님의 눈이라는 이야기입니다. 그렇게 이해를 하면 우리도 이론으로나마 부처님의 눈을 뜬 것입니다.

마음이 허깨비와 같음을 깨닫는 것이 부처님의 깨달음이네

여기서의 마음은 본래의 실상, 본래의 참마음〔眞心〕을 말하는 게 아닙니다. 본래 실상은 문자와 언어로 표현할 수 없다고 했습니다. 마음이라고 이름을 붙여 놓았을 때, 이것은 이미 사실이 아니라 허망한 생각, 즉 번뇌망상입니다.

『육조단경』을 보면 혜능 스님이 홍인 스님께 법을 받아 16년 동안을 숨어 살던 중 어느 절에서 『열반경』을 강의할 때 어떤 종파를 알리는 깃발을 걸어 놓았답니다.

그런데 깃발이 바람에 흔들리니 한 스님이 "깃발이 흔들린다"고 말을 했으며, 다른 스님은 "저건 바람이 움직이는 거야"라고 말을 해 의견이 양분되었습니다.

한쪽에서는 깃발이 흔들린다고 하고 한쪽에서는 바람이 움직인다고 하는 소리를 후미에서 혜능 스님이 들으시고는 "저건 깃발이 흔들리는 것도 아니고, 바람이 움직이는 것도 아니며, 여러분 마음이 흔들리는 것입니다"라고 말씀을 하셨습니다. 이 한마디로 모든 논란을 잠재워 버린 것이지요.

그리고 그 대화를 지켜보던 노스님이 "당신이 홍인 대사의 법을 받은 혜능이 맞느냐?"고 해서 "맞다"고 하니 거기서 삭발을 시켜 구족계를 주었다고 합니다.

하지만 여러분, 이것이 진정 "맞다"고 생각하십니까?

아니죠? 이 부분은 제자분이 책을 쓰실 때 잘못 기술하지 않았나 하는 생각이 듭니다. 왜냐하면, 바람이나 깃발이나 마음이나 '용' 차원에서 말을 하고 있는 것인데, 바람이 따로 있고 깃발이 따로 있고 마음이 따로 있겠습니까? 바로 바람이라고 해도 맞고, 깃발이라고 해도 맞고, 마음이라고 해도 맞는다는 이야기입니다.

본래는 흔들린 것이 아니거든요. 본래자리에서는 바람,

깃발, 마음이라고 해도 답이 맞지 않는다는 얘깁니다. 실상에서는 어떤 이름도 붙일 수가 없는 것인데 '용'차원에서는 어떤 것이든 답이 됩니다. 이 문답은 영홍 스님(진천 불뢰산 불뢰암 주석)이라는 분이 잘못 기술된 것이라고 문제 제기를 했어요.

어떤 수행자가 "달마 스님께서 동쪽에서 오신 까닭이 무엇입니까?" 하니, 조주 선사가 "뜰 앞의 잣나무다" 하고 답을 했어요.

묻는 말에 대해서 전혀 다른 답변을 한 것으로 보이지만, 바른 답변을 한 것입니다. 왜냐하면 달마 스님의 마음이나 뜰 앞의 잣나무나 하나라는 말입니다.

여러분들이 '체'와 '용'을 알게 되면 선문답에 대해서도 이해할 수가 있습니다. 여기에서 '마음이 허깨비와 같음을 깨닫는 것이 부처님의 깨달음이네' 이 부분은 지금 우리가 현실에서 쓰고 있는 마음을 이야기하는 것입니다. 본래의 마음, 즉 참마음인 '체'에서는 쓸 수가 없습니다. 그러나 '용'에서는 어떤 것도 쓸 수가 있습니다. 『직지』는 '체'와 '용'을 알지 못하면 내용을 이해할 수가 없기 때문에 '체'와

'용'에 대해서 다시 한 번 설명을 드리도록 하겠습니다.

'체體'는 부처님이나 조사스님들께서 깨달은 세계를 말하는데, 그 진리의 실상은 문자와 언어로 표현할 수 없는 자리입니다. 근본실상은 물질이 아니기 때문에 과학적으로도 입증할 수가 없는 부분입니다. 이름과 형상을 다 떠난 자리인데, 이것을 잘 표현한 것이 초기불교의 삼법인三法印 중 무아사상을 가리키는 제법무아諸法無我입니다. 제법무아의 가르침이 바로 실상으로서의 '체'를 이해시키기 위해서 말씀하신 부분입니다.

무상無常과 무아無我의 도리를 알지 못하면 우리의 삶은 일체가 괴로움에서 벗어날 수가 없습니다. 왜냐하면 육안으로 보는 세계는 사실이 아니거든요. 무상의 가르침에서 보더라도 시간적으로 볼 때 일체 만유는 항상 변하기 때문에 진실한 모습이 아니라는 가르침입니다.

『금강경』에서도 "일체유위법一切有爲法은 여몽환포영如夢幻泡影하며 여로역여전如露亦如電하니 응작여시관應作如是觀하라"고 설했습니다. 즉, '일체의 함이 있는 법(현상계)은 꿈이요, 허깨비요, 물거품이요, 그림자 같은 것, 이슬 같고 또

번개와도 같은 것, 마땅히 이와 같이 볼지니라' 이러한 뜻
입니다.

유위법이라는 것은 물질만 해당되는 것이 아닙니다. 우
리 마음속에 스스로 있다, 없다, 좋다, 나쁘다 하는 생각을
일으키는 부분도 유위법에 속합니다. 그래서 유위법은 꿈
과 같다고 말하고 있습니다. 꿈을 꿀 때는 경계에 이리저리
휘둘려 가다가 꿈을 깨고 보면 허망하지 않습니까. 우리가
꿈속에서 본 것은 사실이 아니었던 것이지요. 그와 마찬가
지로 현실도 우리는 꿈을 꾸고 있는 것입니다. 현상계도 본
질에 있어서는 물질이 아니니 있다고 할 수가 없다는 얘기
죠. 또한 동시에 환상이지만 아주 없는 것이 아니니 없다고
부정할 수도 없는 부분입니다.

여러분이 지금 보고 듣고 있잖아요. 마음이 눈을 통해 보
는 것이고 마음이 귀를 통해 듣고 있단 말입니다. 마음은
분명 있지만, 모양이 없으니 볼 수 없습니다. 꿈을 꾸다 깨
고 나면 사실이 아니었던 것을 알 수 있듯이, 우리가 깨닫
고 나면 아무것도 아니라는 것을 알 수 있다는 말씀입니다.
우리가 수행을 통해서 실상을 체험하는 순간, 꿈속에서 깬

것과 똑같다는 것을 경험하게 됩니다.

무아無我사상은 일체가 '나'라고 할 수 있는 것이 없다는 말입니다. '모든 것이 생각으로 이렇다 저렇다 만들어 놓은 것이고, 일체가 다 허깨비 같고 물거품 같고 그림자 같고 이슬과 같고 번개와 같다. 그러니 응당 이렇게 관하라'고 말씀하신 것입니다. 일체의 유위법이라는 것은 작용만 했지 시간적으로 보았을 때는 없는 것이거든요. 그러니 사실이 아닙니다.

'일체가 마음으로 되어 있다'고 할 때 '마음'이라는 말은 어떤 문자나 언어로도 표현할 수 없는 자리인데, 방편상 이름을 붙여놓은 것입니다. 이를테면 불성, 법, 진리, 진여, 진공, 반야, 선, 공 등 우리가 편리한 대로 같은 뜻의 다양한 이름을 붙여놓은 것입니다. 문자와 언어로 표현할 수 없는 근본 실상자리를 '체'라고 하는 것입니다.

'용用'이라는 것은 모양이 없는 마음의 자리에서 작용을 통해서 나타나는 현상세계를 말합니다. 모양이 없는 것에서 나왔으니까, 모양이 있는 듯이 보여도 역시 근본은 모양이 아닙니다. 이것은 마음의 눈을 뜨면 알게 되어 있습니다. 진짜 '나'라고 했을 때 '나'는 문자와 언어로 표현할 수 없는 마음을 진정한 '나'라고 말하는 겁니다.

'나'를 찾기 위해서 불교를 믿고 닦는다고 말할 수 있습니다. 진정한 나의 자리에서 보면 이 우주는 분명 나와 하나라는 이야기입니다. 그래서 부처님께서는 태어나자마자 '천상천하天上天下 유아독존唯我獨尊'이라는 말씀을 하셨다고 합니다. '하늘 위 하늘 아래 나 홀로 존귀하다' 이 말씀인데, 나 홀로라고 했을 때 우주 실상자리에서는 우주와 하나임을 뜻합니다. 육신을 가진 석가모니 부처님 자신만을 나라고 표현했다면 잘못 알고 있는 거죠. '나'는 우주와 내가 하나라는 차원에서 말씀하신 부분입니다.

속지 말아야 할 것은 모양이 없는 것에서 나온 현상계도 본래는 모양이 아닌데 우리는 거기에 끄달려 가며 아픔을 겪는다는 사실입니다. 부처님께서 깨달으신 진리의 실상세계는 문자와 언어로 표현할 수 없는 깨달음의 세계입니다. 그 자리를 조사스님들께서도 깨달으신 것입니다. 그 자리에서 나온 현상 세계를 '용'이라고 하는데, 사람들이 거기에 끄달려 가면 괴로운 인생을 살게 됩니다.

모양이 없는 자리에서 모든 것이 나왔기 때문에 진공묘유眞空妙有라고 하는데, 컵이나 마이크도 바로 그 '하나'의 자리에서 나온 것입니다. 이 부분을 아시면 앞으로 나올 조사스님들의 선문답을 이해할 수가 있습니다. 컵, 마이크, 마음 이것을 따로 보시면 본질을 모르고 계시는 줄 알면 됩니다. '체'와 '용'을 모르는 것이죠. '체'와 '용'을 바로 이해하시면 『직지』 내용을 공부하는 데 도움이 될 것입니다.

몸과 마음의 본성이 공한 줄 안다면

여기서 공空이라는 것은 본래의 마음을 설명한 것이라고 했습니다. '몸과 마음의 본성이 진여의 마음(眞如心)인 줄 안다면', 이런 뜻이 됩니다. 본래 마음이라는 것은 있지만, 모양이 없어요. 또 없지만 없는 것도 아닙니다. 그래서 '텅 빈 충만', 진공묘유라고 설명한다고 보시면 이해할 수 있을 것입니다.

이 사람이 부처와 무엇이 다르랴

"만약에 형상으로써 나를 보려고 하거나 소리로써 나를

구하려고 하는 자는 사도邪道이다. 이런 사람은 영원히 진리를 볼 수가 없다."

『금강경』에 나오는 내용입니다. 진리의 실상은 형상이나 소리로는 절대 볼 수 있는 것이 아닙니다. 그래서『금강경』은 "만약 형상이 있는 것이나 형상이 없는 것이나 모양이 없는 것을 알면 그 자리에서 곧 여래를 본다[若見諸相 非相 卽見如來]"고 설했습니다. 진리를 보는 순간을 말하고 있습니다. 이는 어려운 경계가 아니지만, 현실에서는 어려운 말입니다.

너무나 오랜 세월 '본래 나'와 괴리된 삶을 살아왔기에 아무리 일러 주어도 깨닫지 못합니다. 무수한 과거로부터 육안의 눈으로 살아왔기 때문에 그 실상을 잊은 지가 너무 오래되었어요. 본래 하나인 도리를 일러 주어도 우리가 쉽게 받아들일 수가 없다는 말입니다. 우주를 하나로 보는 세계가 바로 진리, 실상의 세계인데 그 세계를 다른 말로 부처님이요, 마음이요, 선이요, 법이요, 불성이라 하며 온갖 이름을 붙여 놓았습니다. 그 자리를 우리가 둘이 아닌 하나의 자리, 선禪이라고 말을 하는 것입니다.

일체 만물이 거기서 나오지 않은 것이 없어요. 그러니 여러분이 관세음보살님을 찾든 지장보살님을 찾든 아미타불을 찾든 이것은 명칭임을 아셔야 합니다. 그러니까 관음을 찾든 지장을 찾든 화두를 들든, 언제나 일상 속에서 한 생각을 놓치면 안 됩니다. 그렇게 정진할 때 부처님의 은혜를 갚는 길이 열립니다. 수행은 괴로움에서 완전히 벗어날 수 있는 유일한 길이기에, 정진하지 않으면 아무 소용이 없습니다. 불교를 믿는 목적이 바로 여기에 있습니다. 매 순간 순간 한 생각 놓치지 말고 정진하시기 바랍니다.

05 구나함모니 부처님

구나함모니 부처님은 현겁의 두 번째 부처님인데, 게송으로 말씀하셨다.

佛不見身知是佛 불불견신지시불

若實有知別無佛 약실유지별무불

智者能知罪性空 지자능지죄성공

坦然不怖於生死 탄연블포어생사

부처란 몸을 보지 않아도 부처인 줄 알지만

만약 진실로 안다면 부처가 따로 없네

지혜로운 이는 죄의 성품이 공한 줄 잘 알아서

걸림이 없이 생사에 대해 두려워하지 않네.

■ 해설

구나함모니 부처님〔拘那含牟尼佛〕은 과거의 칠불 가운데 현겁의 두 번째 부처님이십니다. 사람의 수명이 3만 세일 때 세상에 출현하셨다고 합니다. 현겁現劫의 부처님이라는 말은 어진 세상에 출현했던 부처님을 뜻하는 것이고, 겁劫이라는 개념은 상상할 수도 없는 긴 시간을 의미합니다. 그러나 분명한 것은 천만년, 억만년 전의 나와 지금의 나는 본래자리에서 변함이 없다는 사실입니다. 천겁 전에 이 부처님들은 깨달으셨지만, 우리는 똑같은 마음을 가지고 있으면서도 깨닫지 못한 것입니다.

깨달은 분들을 부처님이라고 하는데, 그분들은 생사生死를 뛰어넘은 분들이죠. 생사를 초월한다는 것은 '참나' 자리에서 보았을 때 요지부동이고 변함이 없음을 나타냅니다. '본래 나'는 천년 후에도 바로 그 자리입니다. 조금도 오고 감이 없는 자리입니다.

부처란 몸을 보지 않아도 부처인 줄 알지만

'부처의 몸〔佛身〕'이라고 했을 때는 부처님의 육신을 말하는 것이 아니라 진리의 '체'를 말하는 것입니다. 문자와 언어로 표현할 수 없는 그 자리를 반야라고도 이야기합니다. 이 자리는 눈으로 볼 수 있는 세계가 아닙니다. 그래서 『금강경』에서는 "이일체상 즉명제불離一切相 即名諸佛이라", '일체의 모양을 떠나면 부처다'라고 거듭 강조하고 있는 것입니다.

만약 진실로 안다면 부처가 따로 없네

진실로 부처를 안다면 '체'와 '용'이 하나여서 어떤 표현도 할 수 없지만, 인격적으로 부처라고 말합니다. 부처가 인연 따라 나타나는 현상계도 역시 부처입니다. '부처 아닌 게 없다' 이렇게 말하는 이유도 본래가 부처이기 때문에 작용을 통해서 나타나는 현상계 역시 부처라는 뜻입니다. 금을 녹여서 귀걸이, 목걸이를 만들었어도 본래 금이라는 것이 변함이 없듯이 우리 본래의 마음자리도 마찬가지입니다. 그래서 '보이는 만물이 관음觀音이다', 이렇게 이야기하는 겁니다. 부처 아닌 게 없습니다.

우리가 부처의 능력을 다 가지고 있지만, 진리를 모르는 어리석음과 전도된 망상 때문에 사실이 아닌 것을 사실인 양 착각해 살고 있는 가운데 그 능력을 못 쓰는 것입니다. 여러분이 만약 진실로 그 도리를 안다면 부처가 따로 있는 것이 아닙니다. 모두 부처라는 말입니다.

지혜로운 이는 죄의 성품이 공한 줄 잘 알아서

여기서 '지혜로운 이'라 함은 우주와 내가 하나인 도리를 아는 사람을 말하는 것으로 지혜는 반야般若와 같은 말입니다.

죄라는 것도 본래에 있어서는 없는 것이라는 말입니다. 죄도 우리가 생각으로 만들어 놓은 개념입니다. 스스로 업業을 지어 놓은 것입니다. 내가 행한 일은 상대는 모르더라도 자기 자신은 알잖아요. 본래 지혜에서 비춰 보면 내가 행한 것은 마음의 작용에 지나지 않는 것입니다. 예를 들면, 바다를 보더라도 잔잔한 날이 별로 없잖아요. 항상 파도가 일고 있습니다. 파도라는 것은 어떤 환경의 변화에 의해서 출렁이는 것이거든요. 바닷물이 출렁거렸다고 해서 물의 성질이 변한 것은 아니라는 말입니다.

이런 도리를 안다면 죄 역시 내 마음에서 만들어 놓은 것이고, 죄의 성품 또한 공한 줄 잘 안다는 것입니다. 죄라는 생각에서 벗어났다면 업에서 벗어난다는 법문입니다.

걸림이 없이 생사에 대해 두려워하지 않네

실상인 '체' 자리에서 말씀하고 계신 부분입니다. 우리가 수행할 때 화두를 들거나 염불을 할 때는 실상의 자리에 마음을 두고 해야 됩니다. 재가불자님들이 수행을 할 때면 '정진'이라는 말보다 '기도'라는 말을 많이 쓰잖아요. 기도 한다, 즉 '빈다'는 것은 대상을 염두에 두고 한다는 의미를 담고 있습니다. 그러나 우주의 진리, 실상에서는 대상이 따로 없잖아요. 대상이 없기 때문에 당연히 빌 대상이 없는 것입니다. 우리는 그 자리를 깨닫기 위해서 비는 것입니까, 아니면 정진하는 것입니까? 바로 정진하는 것입니다. 그러니 우리가 기도라는 말을 처음부터 쓰지 말아야 합니다. 기도라는 말을 쓰면 우리 스스로 불교를 폄하하는 것입니다. 빌 대상이 따로 없습니다.

이 가르침은 위대한 가르침입니다. 누구나 우주의 주인이 될 수 있다는 가르침이 서구에서 아주 매력적인 종교로 호기심과 매력을 주고 있습니다. 알고 보면 불교가 전혀 어려운 것이 없어요. 모르기 때문에 불교가 어렵다고 하는 것이지, 사실 불교는 전혀 난해한 것이 없습니다. 불자님들에게 어렵게 생각되는 부분들은 불교용어가 복잡한 데 기인하기도 합니다. 그러나 불교용어들은 편리한 대로 이름을 붙여 놓은 명칭에 불과합니다.

지장보살, 문수보살, 관세음보살이 따로 있다고 생각하시는 분들이 적지 않은데 절대 따로 있는 분들이 아닙니다.

세간에서도 능력이 많은 분들에게는 여러 가지 별명이 많이 붙잖아요. 그와 마찬가지로 덕과 지혜를 갖춘 부처님 자리는 어떤 하나의 이름으로 그 공능功能을 다 표현할 수가 없어요. 측면에서, 정면에서, 아래에서, 위에서 보면 모두 다르거든요. 그래서 이렇게 저렇게 이름을 붙여 놓은 것입니다. 절대 다른 것이 아닙니다. 여러분들도 여기서는 불자님이라 불러도 대답하고 집에 가시면 엄마, 누나, 동생이라 불러도 다 대답을 합니다. 그것은 그때 그때 역할에 따라 우리가 편리한 대로 이름을 붙여 놓았을 뿐이니 속지 말라는 말씀입니다.

이것을 아시면 불교가 굉장히 쉬운 공부가 됩니다. 다만 우리가 불교의 가르침을 행하기는 어렵다는 말이죠. 그것을 마음에 두고 하나가 되기 위해서 정진을 하셔야 되는데 쉽게 집중이 안 되거든요. 우리가 매일 밥을 먹듯이 나를 찾는 공부를 하셔야 그나마 다가갈 수가 있습니다. 다가가면 갈수록 우리는 편안함을 느낄 수가 있어요.

청화 스님께서는 47년 동안 장좌불와長坐不臥(드러눕거나 기대지 않고 좌선하는 것)를 하셨다고 하는데, 스님께서는 이게 편하다고 하셨어요. 습習이 된 거죠. 우리가 하루 세끼를 먹지 않으면 안 되지만 그것도 습이라는 것입니다. 한 끼를 먹어도 습이 되면 적응이 된답니다. 우리가 식탐食貪을 끊게 되면 오욕락五慾樂(식욕 성욕 수면욕 재물욕 권세욕)이 없어지는 것입니다.

06 가섭 부처님

가섭 부처님은 현겁의 세 번째 부처님인데, 게송으로 말씀하셨다.

一切衆生性淸淨 일체중생성청정

從本無生無可滅 종본무생무가멸

卽此身心是幻生 즉차신심시환생

幻化之中無罪福 환화지중무죄복

모든 중생의 성품은 청정하여

본래부터 생겨나거나 없어질 수 없네

이 몸과 마음은 환술로 생겨난 것이니

환술로 만들어진 것에는 죄와 복이 없다네.

■ 해설

  과거칠불 가운데 석가모니 부처님의 바로 전 부처님으로

제6불에 해당하는 가섭 부처님〔迦葉佛〕은 한문으로 음광불飮

光佛로 번역되기도 합니다. 인간 수명이 2만 년일 때 세상

에 나오셨다는 가섭불은 우리나라에서도 잘 알려진 부처님

이십니다. 『삼국유사』를 보면, 경주 황룡사에 가섭불이 편

안하게 좌선하셨다는 연좌석宴坐石이란 돌이 밭 가운데 있

다는 기록이 보입니다. 『장아함경』에 따르면 가섭불은 니

그로다나무 아래에서 성도하셨으며, 2만 명의 제자가 있었

다고 합니다. 이 경에 의하면 각덕비구覺德比丘가 수행하여 성불한 뒤 가섭불이 되었다고 전합니다.

모든 중생의 성품은 청정하여

『화엄경』을 보면 "심불급중생 시삼무차별心佛及衆生 是三無差別"이라는 말이 나옵니다. 마음, 부처님, 중생 이 셋은 조금도 차별이 없다는 말씀입니다. 육안의 눈으로 본다면 분명 차별이 생겨요. 하지만 마음의 눈으로 보면 마음, 부처님, 중생 모두 똑같은 자리라는 이야기입니다. 그 자리는 어떤 이름도 붙일 수가 없는 자리인데, 여기서 청정하다는 얘기는 정말 맑고 깨끗한 자리를 말합니다. 본래자리는 누구나 똑같은 자리입니다. '체'의 입장에서 보면 청정하단 말도 어쩔 수 없이 한 표현일 뿐입니다. 어떤 문자나 언어로 표현할 수 없는 자리인데 마지못해 청정하다고 말한 것입니다.

본래부터 생겨나거나 없어질 수 없네

참마음〔眞心〕은 물질이 아니니까 생기는 것도 없어지는

것도 아니라는 말입니다. 물질은 한번 생겨나면 다른 모습으로 변해가지만, 물질이 아닌 마음자리에서는 변할 수가 없어요. 그래서 『반야심경』에서 '불생불멸不生不滅'이라고 하잖아요. 『반야심경』을 읽을 때도 물질이 아닌 진여자리에 마음을 두고 읽으면 가슴에 와닿게 됩니다. 그때가 우리의 마음이 열리는 순간입니다.

이 몸과 마음은 환슐로 생겨난 것이니

환슐로 만들어진 것에는 죄와 복이 없다네

몸과 마음이라는 것도 이름 붙일 수 없는 것이고, 물거품과 같은 것입니다. 우리의 육신은 어떻게 만들어진 겁니까? 바로 부모님의 몸 안에 수정란 세포가 생겨서 스스로 몸을 형성한 것입니다.

임신 중의 태교胎敎는 뇌를 만드는 과정에서 가장 중요하다고 합니다. 그럴 때 염불을 해주면, 염불은 맑은 에너지니까, 탁한 기운을 정화시키는 속도가 굉장히 빠릅니다. 그러면 태아가 편안한 가운데 스스로 몸을 만들어간다고 합니다. 평온한 마음으로 뇌를 만들면 아이가 정말 총명하겠지요. 이것은 과학적으로 입증이 된 부분들입니다.

우리가 부모님 태중에 들어가 내 몸은 내가 스스로 만드는 것입니다. 그러니 부모 탓 할 것이 전혀 없어요. 우리 육신이라는 것은 부모님의 인연에 의해서 잠시 모양으로 나타난 것이지, 사실이 아니라는 말입니다.

물질과 마음은 본래 어떤 이름 붙일 수 없습니다. 마음이라는 것은 보고 듣고 좋다 나쁘다 생각하는 것을 말하는데, 이런 부분들이 환술로 만들어진 것이라고 말하고 있습니다. 그래서 죄라는 것과 복이라는 것도 내가 만들어 놓은 것이니 본래는 없다고 거듭 말하는 것입니다.

문: 스님께서는 오랫동안 지장정근을 해오신 것으로 압니다. 『법화경』을 공부하는 분들은 사경寫經을 하시고, 염불하는 분들은 염불을 하시고, 참선하는 분들은 참선을 하십니다. 사람들의 근기에 맞는 공부가 있다고 하는데 정진을 어떻게 하고 어떤 수행을 어떻게 해야 되는 것인지 말씀해 주시기 바랍니다.

답: 염불을 하든 화두를 들든 중요한 것은 마음을 어디에다 두고 하느냐가 중요한 것입니다. 부처님으로부터 육조 혜능 스님까지의 가르침은 선오후수先悟後修(먼저 깨닫고 닦음)의 수행입니다. 우주의 실상을 이론적으로 이해하는 것을 해오解悟라고 합니다.

먼저 이해를 하고 닦는 것이 중요합니다. 지금 조계종에서 간화선 수행법을 강조하고 있습니다만, 지금과 같은 간화선 수행법은 문제가 있다고 생각합니다. 왜냐하면 무조건 '무無'자를 들어야만 된다고 말을 하는데 간화看話(화두를 참구함)라는 것은 철저하게 화두話頭에 의심이 들어야 되는 겁니다. 의심이 되지 않은 상태에서 '무' '무' 하고 있다면 그것은 죽은 공부예요.

선禪에 대해서도 제대로 이해하지 못하시는 분들이 굉장히 많습니다. 선을 이해해야만 간화선이나 조사선을 바르게 공부할 수가 있습니다. 컵이나 마이크나 본래 '하나(一心)'의 자리에서 나왔고 '관세음보살' 하는 그놈도 우주와 하나인 그 자리에서 나왔다는 말입니다. 모든 것은 '하나'에서 나왔으니까 '하나'라는 것을 알고 여러분이 집중만 하면 되는 겁니다.

사람 근기根機(타고난 기틀)에 따라서 이 사람은 무엇을 해야 되고, 또 이 사람은 무엇이 맞느냐는 질문에 대해 설명드리도록 하겠습니다.

얼마 전 여수 불자모임에서 혜은사로 대중공양을 왔는데 한 팀은 염불선을 배워서 염불선을 하는 조직이고 한 팀은 다라니 주력을 하는 팀에서 오셨는데, 똑같은 질문을 하셨어요. 사람마다 분명 근기는 다릅니다. 하지만 다라니가 됐든 염불이 됐든 화두가 됐든 마음을 어디에 두고 하느냐가 중요하지 무엇을 하는 것이 중요한 게 아니라는 말씀을 드립니다.

사경은 초기에 불교에 입문해서 집중하기 위한 좋은 방편입니다. 어떤 분이 사불寫佛도 선禪이라고 말씀하셨는데, 선이라는 것은 그림을 그릴 때 그 선禪에만 집중해서 들어가야 되거든요. 내가 그리고 있는 분이 우주와 하나라는 이것을 제대로 알고 한다면 상관이 없습니다. 우주를 그대로 하나의 마음으로 보는 것을 선禪이라고 하는 것입니다. 그것을 인격적으로 부처님이라고 하잖아요.

'선시불심禪是佛心이요 교시불어敎是佛語다.' 교는 부처님 말씀이고 선은 부처님 마음입니다. 선과 마음은 하나라는 얘기입니다. 마음이 곧 부처이고 부처가 곧 선이다 이런 말입니다. 우주를 하나로 보고 무엇이든 행했을 때, 그 수행은 선이 되는 겁니다.

화두 수행법은 중국에서 만들어진 수행법인데, 화두는 철저한 의심을 생명으로 합니다. 예를 들면 한 스님이 운문 스님을 찾아가서 "불교의 대의大義가 무엇입니까?" 하고 물으니, "마른 똥 막대기다"라고 대답을 해주셨습니다. 질문한 것에 대해서 답을 한 겁니다.

그런데 질문한 스님 입장에서는 운문 스님께서는 도인 스님인데 '왜 불교의 대의를 마른 똥 막대기라고 했을까?'라는 의심이 생기잖아요. 이것이 간화선입니다. 상대에게 의심을 유도해 낸 것입니다.

그런데 마른 똥 막대기라고 말할 때 깨달았다면 그 순간에 깨치는 것이지만 '왜 불교의 대의를 마른 똥 막대기라고 했을까?' 하고 의심이 생긴다면, 그때부터 간화선이라고 말할 수 있습니다. 간화선도 결국은 마음을 집중시켜 주기 위한 방편이라는 말입니다.

화두가 일념—念이 되어 정말로 의단이 끊어지지 않으면 굉장히 빠른 공부입니다. 한 예로 임제 스님이 황벽 스님께 법을 받는 과정을 보겠습니다. 황벽 스님 문하에는 내로라 하는 스님들이 많이 모였지만, 그 중 수행을 가장 잘하신 분이 임제 스님이었어요. 십년간을 황벽 스님 문하에서 정진을 했어요.

어느 날 임제 스님께서 황벽 스님께 점검을 받으려고 찾아가서 입을 떼려고 하니까, 황벽 스님께서 느닷없이 주장자로 삼십 방을 내려치신 겁니다. 말 한마디도 못하고 맞기만 하고 나왔어요.

그리고 다음에 또 찾아가서 입을 떼려고 했지만, 또 맞기만 하고 나왔습니다. 이제는 분하고 억울한 생각이 드는 겁니다. 그래서 입승 스님께 그 얘기를 전하니, 대우 스님이라는 큰스님이 계신데 그럼 그분을 찾아가 보라고 얘기를 해 주셨어요.

대우 스님을 찾아가면서도 마음속에서 '큰스님께서 왜 나를 때렸을까?' 하고 의심이 떠나지 않는 겁니다. 그런 생각을 하면서 가니 금방 대우 스님 계신 곳에 도착을 했습니다.

그렇게 대우 스님을 찾아가서 그동안 있었던 일을 말씀드리니, 대우 스님께서 "황벽 스님이 자비스런 마음으로 일러 주었는데 왜 자네가 못 알아듣는가?" 하고 말씀하셨는데 그 순간, 임제 스님께서 확 깨쳐 버리셨어요.

임제 스님께서 "황벽의 도道도 별거 아니네!" 하니까, 대우 스님께서 "방금 뭘 봤느냐?" 하니, 임제 스님께서 대우 스님을 세 방 내어지르거든요. 그러니까 대우 스님께서 "너는 공부가 다 됐구나! 넌 내 제자가 아니라 황벽을 찾아가거라!" 하셨어요. 다시 황벽 스님을 찾아가 그 얘기를 사실대로 말하니 "알았느냐" 하고 말씀하셨습니다.

황벽 스님께서 때린 도리는 문자와 언어로 표현할 수가 없잖아요. 표현할 수 없는 진리를 물으니 내려치신 거예요. 상대에게 의심을 유도해 준 거죠. 이렇게 했을 때 간화선이 성립됩니다.

우리가 수행하는 데 있어서 가장 중요한 부분은 선지식을 만나서 그런 의심이 생긴다고 하면 그대로 의심이 들어

빨리 깨칠 수가 있다는 말입니다. 하지만 쉽게 간절한 의심에 들기가 어렵다는 데 문제가 있습니다. 결국 간화선에서 중요한 것은 의심을 유도해 줄 수 있는 선지식을 만나야만 가능하다는 말입니다. 한국 불교에서는 이럴 만한 선지식이 없다고 말하고 있는데, 탁월한 선지식은 상대의 마음까지 읽을 수 있는 타심이 열려야만 가능하다고 볼 수 있습니다.

염불은 굉장히 맑은 에너지입니다. 지금 염불하는 그놈이 우주와 하나라는 것을 믿고 관세음보살을 염한다면 줄여서 '관음' '관음'을 굉장히 빨리 염하셔야 돼요. 그래야 틈이 안 생겨서 집중할 수가 있습니다. '관음'보다 단어가 긴 '관세음보살'을 염한다면 염불 자체가 맑은 기운이라 탁한 기운이 정화는 되지만 오래 집중하기는 어렵습니다. 아주 빠르고 짧게 염불해야만 틈이 안 생깁니다. 걸어 다니면서, 운전하면서 항상 할 수가 있다는 얘깁니다. 주력呪力을 한다면 주력 하는 그놈이 우주와 하나라고 생각한다면 선이 되는 것이고, 선이라는 개념은 대상이 끊어졌을 때 선이 되는 것입니다.

대상이 있다고 생각하며 수행하는 것은 외도外道입니다. 다라니 하는 그놈이 우주와 하나라는 생각으로 한다면 주력 수행이 되는 겁니다. 의심이 되면 화두가 들리지만 의심이 되지 않는다면 차라리 주력이나 염불을 하는 것이 낫다는 말씀을 드립니다.

청주에 '신묘장구대다라니'를 하루에도 무척 많이 해 오시는 보살님들이 계신데 그분들은 수행자들을 보면 스님들이 공부가 잘 되고 있는지 경계를 느낄 수가 있다고 합니다. 식識이 맑아졌다는 뜻입니다. 흔히 '업장 소멸'이라고 말하는데, 여기서 소멸은 아닙니다. 탁한 기운을 맑은 기운으로 정화시키는 겁니다. 우리는 정진을 통해서 과거로부터 익혀온 잘못된 습, 어리석음으로 인한 탁한 기운을 맑히는 것입니다. 화두를 들어 깨친 후에도 보임 수행으로 염불이나 주력 수행을 하기도 합니다. 어떤 수행을 하든 하나라는 것만 믿고 가신다면 최상승 수행으로 가는 길입니다. 가장 중요한 것은 매일 십분, 이십분이라도 꾸준히 해나가는 것이 중요합니다.

07 석가모니 부처님

석가모니 부처님은 현겁의 네 번째 부처님인데, 게송으로 말씀하셨다.

因星見悟인성견오

悟罷非星 오파비성

不逐於物 불축어물

不是無情 불시무정

별을 보고 깨닫게 되었지만

깨달은 뒤에는 별이 아니네

사물을 뒤쫓지 않지만

무정은 아니네.

■ 해설

석가모니 부처님〔釋迦牟尼佛〕께서 깨닫고 노래한 게송에 대해 알아보기 전에, 우리가 참으로 귀의해야 할 대상이 무엇이며, 귀의한다는 것이 어떤 의미인지 먼저 알아보겠습니다.

불교에서는 '삼귀의三歸依'를 말하는데, 이것은 불佛 법法 승僧의 삼보三寶를 믿고 의지함을 뜻합니다. 귀의불歸依佛 귀의법歸依法 귀의승歸依僧을 합하여 말하는 것입니다. '귀의'라고 할 때, '귀'는 '돌아갈 귀'자를 씁니다. 우리는 깨닫지 못한 중생이지만 본래는 부처이기 때문에 본래로 돌아가는 것이 불자들의 궁극적인 목적임을 나타냅니다. '의' 자는 불, 법, 승에 돌아가서 '의지한다'는 뜻입니다.

부처님께서 깨달으신 부처의 세계는 언어로 표현할 수 없는 본래의 마음으로 되어 있습니다. 바로 그 자리를 석가모니 부처님께서 '청정법신 부처님'이라고 말씀하고 계십니다. 석가모니 부처님께서는 깨달음을 이룬 분이지만『금강경』에서 "32상相 80종호種好를 통해서 여래를 볼 수 있겠느냐?" 하고 제자에게 묻고 계십니다. 32상 80종호라는 것은 과거의 오랜 수행을 통해서 얻어진 공덕으로 갖추어진 육신을 말하는 것입니다.

제자 역시 "32상 80종호를 통해서는 여래를 볼 수 없습니다"라고 대답을 하십니다. 이 말씀은 형상으로는 부처를 볼 수 없다는 뜻입니다.

보고 듣고 생각하는 것은 마음의 작용입니다. 본래 마음자리는 오고 감이 끊어진 자리이고 보고 듣고 하는 것까지 끊어진 자리예요. 그 자리를 부처님께서 '여래'라고 하신 것입니다. 그래서 우리가 부처님께 귀의한다는 말은 바로 언어로 표현할 수 없는 우주의 근본실상으로 돌아가서 그 자리를 의지한다는 뜻임을 알 수 있습니다.

'법에 귀의한다'고 하면 팔만사천 가지 부처님께서 말씀하신 법을 말하기도 하지만, 『금강경』에 와서는 그 부분마저 부정합니다. 오히려 부처님께서는 "나는 한마디도 법문을 하지 않았다"고 말씀하십니다. "나는 법을 설한 적이 없다"고 말씀하신 뜻을 이해하지 못하는 사람이 들었다면 '그렇게 말씀을 많이 하시고 한마디도 하지 않았나'고 오해할 수 있는 부분도 있을 것입니다.

그러나 부처님께서 말씀하신 실상實相은 언어로 표현할 수 없으니까, 말을 해도 실제로는 하지 않았다고 말씀하는 것입니다. 우주의 근본실상인 하나의 자리는 물질이 아니니 나눌 수가 없는 것입니다. 그래서 부득이 하나의 자리를 일원상一圓相으로 표현하기도 합니다. 『반야심경』에서는 이 반야바라밀다般若波羅密多는 가장 신비한 진언이라고 합니다. 법이라는 것은 언어로 표현할 수 없는 우주의 근본실상을 뜻합니다.

부처님 자리나 법의 자리나 똑같은 것입니다. 근본 실상을 인격적으로 부처님이라 하고 그 자리를 법이라고도 하는 것입니다. 그래서 과거 현재 미래의 부처님들이 하나의 자리, 바로 반야般若에 의지하여 최고의 깨달음을 얻는다고 하는 것입니다.

청정한 스님들께 귀의한다고 했을 때, 어떤 대상에게 의지해야 된다는 의미로 생각하는 분들이 계신데 이 말씀은 바로 본래의 자기를 뜻함을 알아야 합니다. 하나의 법을 의지해서 행하는 것, 그 자리에 의지하겠다는 말입니다. 곧 청정한 행을 말하고 있습니다.

그럼 이 행은 출가한 스님들만 실천해야 됩니까? 아니죠. 바로 재가자분들도 그 법을 의지해야 되고, 그 자리로 돌아가서 수행을 하여야만 깨달음을 얻을 수 있습니다. 출가를 했든 하지 않았든 세속에 있든 산속에 있든 '하나'의 자리에 마음을 두고 수행한다면 누구든지 깨달음을 이룰 수가 있다는 말입니다.

그럼 이제 칠불 가운데 마지막 부처님이신 석가모니 부처님의 가르침에 대해서 공부하도록 하겠습니다. 석가모니 부처님은 현겁의 네 번째 부처님입니다. 칠불 가운데 세 분

(비바시불, 시기불, 비사부불)을 과거 부처님이라고 하고 구류손불, 구나함모니불, 가섭불, 석가모니불까지 네 분을 현겁의 부처님이라고 이야기합니다.

별을 보고 깨닫게 되었지만 깨달은 뒤에는 별이 아니네

수행자들이 깨닫게 되면 게송으로 표현을 하는데, 이것은 부처님께서 깨달으신 후 노래한 오도송입니다. 부처님께서는 12연기緣起를 역으로 관觀하시다가 새벽에 밝은 별을 보는 순간, 마음이 확 열리는 체험을 하십니다. 과거를 다 알게 되고 업이 녹는 여섯 가지의 능력을 그 순간에 체험하시게 됩니다. 별을 보고 깨닫게 되었는데, 깨닫고 보니 별이 아니더라는 말씀입니다.

깨닫기 전에는 육안의 눈을 가지고 있었기 때문에 모든 대상이 있다고 생각했던 거예요. 그러나 깨닫고 보니 일체를 마음으로 보게 된 것입니다. 마음의 세계로 보니까 별도 별이 아니더라는 말입니다. 현대과학의 설명을 빌리자면, 별도 사실은 파동이나 진동에 의해서 존재한다는 것을 알게 된 것입니다. 변하지 않는 고정불변의 실체가 아니라는 것을 알게 된 거예요. 부처님께서는 별뿐만 아니라 우리 의식 속에 있는 대상이 모두 사실이 아님을 깨닫게 된 것입니다.

사물을 뒤쫓지 않지만 무정無情은 아니네

물질에 대해서 집착은 하지 않지만 일체가 다 생명이더라는 말입니다. 물질의 본질은 마음으로 되어 있는데, 마음은 곧 생명이라고 말하는 것입니다. 그래서 인격적으로 본래의 마음을 '부처님'이라고 부릅니다. 깨닫고 보니 물질이라고 생각했던 것이 물질이 아니라는 것을 알게 됐고, 육안으로 보는 세계는 사실이 아니기에 끄달려 갈 이유가 없다는 말입니다.

모든 것이 생명이기에 식물도 화분을 통해 키울 때 한쪽은 염불을 하고 한쪽에는 좋지 않은 소리를 하며 키웠을 때, 염불을 하며 키운 화분의 꽃이 훨씬 아름답게 잘 자라는 것이 실험을 통해서 증명이 되었습니다. 염불이라는 것도 생명으로 되어 있어서, 우리가 좋은 생각을 하며 염불을 했을 때 좋은 기운이 가는 거예요. 좋은 파장이니까 성장을 촉진하게 됩니다. 나쁜 말이나 욕설은 독이 들어가니까 생명의 균형이 깨지는 것입니다.

부처님께서는 우리가 생명이 아니라고 생각하는 것들이 실은 생명으로 되어 있다고 말씀하십니다. 돌과 물, 죽은 나무와 같은 무정물도 마음의 눈으로 보면 똑같은 생명으로 되어 있다는 얘기예요. 우리가 평소에 생각을 어떤 쪽으로 하느냐에 따라서 나를 맑힐 수도 있고 탁하게 할 수도 있다는 뜻입니다. 에너지 보존 법칙에 의해서 내가 말하는 파장은 다시 자신에게 돌아오게 되어 있습니다.

위의 게송에서 '사물을 뒤쫓지 않는다'는 말은 보고 듣는 것은 사실이 아니고 대상이 없으니까 내가 행한 것도 사실은 행한 게 아님을 알기에, 사물에 얽매이지 않는다는 뜻입니다. 일체가 마음의 작용임을 알기에 속지 않는 것이라고 말씀드렸습니다.

달이 천개의 물 속에 비춰져서 떠 있다면 어떤 것이 진짜입니까? 하늘에 뜬 달이 진짜이겠지요. 우리가 달그림자를 달인 양 착각하고 있지만, 사실이 아니라는 말입니다. 결국 중생이라고 하는 세계는 환상을 사실인 줄 알고 사는 세계입니다. 마음에서 보면 나누어진 것이 아니고 한 덩어리, 하나인데 그런 줄 모르기에 중생의 고통스런 삶이 펼쳐집니다. 하나이기 때문에 살생이라는 것도 내가 무엇을 죽이면 결국 나를 죽이는 것이고, 거짓말 역시 내가 남을 속였지만 자기 자신은 속일 수 없는 것입니다. 내가 부처님이기 때문에 나는 못 속이는 것입니다. 내가 행한 것은 내가 알기에 인과가 만들어집니다. 그러나 내가 행한 것에 집착하지 않으면 인과가 만들어지지 않습니다.

세존께서 영산에서 설법하실 때, 하늘에서 네 가지 꽃이 비처럼 쏟아졌다. 세존께서 꽃을 들어 대중들에게 보이시니 가섭이 빙그레 웃었다. 이에 세존께서 말씀하셨다.

"나에게 정법안장正法眼藏과 열반묘심涅槃妙心이 있으니, 이를 마하가섭에게 부촉하노라."

부처님께서 가섭 존자에게 법을 전하시는 내용입니다. 중인도 마가다국 영축산에서 주로 『법화경』을 설하셨는데, 법을 설하실 때 하늘에서 천인들이 꽃비를 뿌린 겁니다. 부처님께서 그 가운데 꽃을 들어 대중들에게 보이셨는데, 마음의 눈을 뜬 분에게만 꽃이 보이지 다른 사람은 꽃이 보이지 않아요. 유독 거기서 가섭 존자가 그 뜻을 알고 빙그레 웃음으로 답을 했습니다. 이것이 최초의 선문답입니다. 꽃을 들어보이고 일러보라고 하면 보통 꽃이라고 생각하고 답을 하잖아요. 그러나 본래는 모양이 없으니까, 꽃의 본래 자리를 일러보라고 말씀하신 것입니다. 가섭 존자가 입을 떼서 답을 하면 그르치니까 빙그레 웃으면서 화답을 하셨습니다. 부처님의 마음이 이심전심以心傳心으로 가섭 존자에게 통한 것입니다. '가섭 존자가 나의 뜻을 제대로 이해하고 있구나' 하고 석가모니 부처님께서 정법안장(우주를 하나의 마음으로 보는 견해) 열반묘심(그 하나에 들어가는 것)을 가섭 존자에게 전한 것입니다.

부처님께서 열반의 자리에서 손으로 가슴을 어루만지면서 대중들에게 말씀하셨다.

"그대들은 나의 자마금색紫磨金色의 몸을 잘 살펴보고 충분히 우러러보아 공경하여 후회가 없도록 하라. 만약 내가 멸도滅度했다고 말한다면 그는 나의 제자가 아니고, 내가 멸도하지 않았다고 말해도 또한 나의 제자가 아니다."

그때 수많은 사람들이 모두 다 깨달음을 얻었다.

이 부분에서는 중도中道를 말씀하고 있습니다. 부처님께서는 본래의 실상자리에 들어가서 설법하고 계십니다. 그 자리에 들어가니까 몸에서 금빛이 나는 것입니다. 우리 의식으로는 느끼지 못하지만, 염불을 하면 세포에서 빛이 발합니다. 굉장히 맑은 기운이 만들어지는 것입니다. 여기서 자마금색이란 물질을 말하는 것이 아니고 실상자리를 상징해서 말하고 있습니다.

진리 당체當體에서 보면 부처님이 멸했다고 해도 맞지 않고 그렇지 않다고 해도 맞지 않습니다. 왜냐하면 본래 마음은 없어지는 것도 아니고 생하는 것도 아닙니다. 바로 실상자리를 말하는 것입니다. 물질이 아니니까 있다 없다 답을 하면 그르칩니다. 중도中道가 바로 이것입니다. 있다고 해도 맞지 않고 없다고 해도 맞지 않는 것이 우주의 근본 실상 자리입니다.

세존께서 니구율 나무 아래에 앉아 계실 때, 상인 두 사람이 여쭈었다.

"혹시 수레가 지나가는 것을 보셨습니까?"

세존께서 답하셨다.

"보지 못하였다."

"그렇다면 수레가 지나가는 소리를 들으셨습니까?"

"듣지 못하였다."

"혹시 선정에 들어 계셨습니까?"

"선정에 들어 있지 않았다."

"주무시고 계셨습니까?"

"자고 있지 않았다."

상인들이 감탄하며 말하였다.

"참으로 거룩하십니다. 세존이시여! 깨어 있으면서도 보지 않으십니다."

그러고 나서 흰 모직 천 두 필을 세존께 바쳤다.

부처님께서 나무 아래 앉아 계실 때 모든 경계가 끊긴 실상자리에 마음을 두고 있었기 때문에 수레가 지나가는 것을 보지도 못했고 듣지도 못한 것입니다. 진리의 실상에 마음을 두는 분에게는 그 자리에 대해 어떤 표현을 해도 답이 아니니까, 선정에 들지 않았다고 말씀하시는 것입니다.

세존께서 앉아 계실 때 발다바라가 함께 수행하던 개사開士 16명과 함께 자리에서 일어나서 세존의 발에 머리를 대고 절을 한 뒤에 이렇게 말하였다.

"스님들이 목욕할 때 예법에 따라 욕실에 들어갔는데, 문득 물의 인因을 깨달았습니다. 때를 씻어내는 것도 아니요 또한 몸을 씻는 것도 아니며, 그 중간이 편안해져 아무것도 있지 않다는 것을 체득하였으니 묘한 감촉이 분명해서 불자주佛子住를 이루었습니다."

발다바라가 함께 수행하던 개사開士(대사 또는 보살이란 뜻) 16명과 목욕을 하다 물의 본질을 깨달은 장면입니다. 깨닫고 보니 물이라는 것도 사실은 없다는 것을 깨달았다고 합니다. 본래자리에서 보면 오고 감도 없고 생도 멸함도 없기에 작용만 한 것입니다. 그러니 목욕을 했다고 해도 목욕을 한 것이 아니라는 설명입니다.

물의 인연을 깨닫고 보니 때를 씻어내는 것도 아니요 또한 몸을 씻는 것도 아니며, 그 중간이 편안해져 아무것도 있지 않다는 것을 체득하였으니 묘한 감촉이 분명해서 불자주佛子住(부처님의 아들로서 머무는 것. 최고의 보살을 뜻함)를 이루었다, 즉 도를 깨달았다고 한 것입니다.

수행하는 분들에게 깨달음의 공식이란 따로 없습니다. 꾸준히 정진하시는 분들은 어느 날 어떤 환경에서도 깨칠 수가 있어요. 닭 우는 소리를 듣고 깨치는 분들도 있고, 대나무 밭에 돌을 던졌는데 쫙 갈라지는 소리를 듣고 깨치는 분들도 있고, 염불하다 깨치는 분들도 있어요. 누구든지 열심히 정진하다 보면 깨치는 인연이 반드시 온다는 말입니다.

흑치 범지가 신통력을 부려 양손에 합환合歡(오동나무와 비슷한 식물) 오동꽃나무 두 그루를 들고 와서는 부처님께 공양하려 하였다. 이에 부처님께서 선인을 부르자 범지가 "예" 하고 대답하였다.

부처님께서 말씀하셨다.

"내려놓아라."

범지가 왼손에 들고 있던 꽃나무 한 그루를 내려놓자, 부처님께서 또 선인을 불러 내려놓으라고 하셨다.

범지는 오른손에 들고 있던 꽃나무 한 그루도 마저 내려놓았다. 그런데 부처님은 또 말씀하셨다.

"선인이여, 내려놓아라."

그러자 범지가 여쭈었다.

"세존이시여, 저는 양손에 들고 있던 꽃을 이미 다 내려놓았는데, 다시 또 무엇을 내려놓으라는 말씀이십니까?"

이에 부처님께서 말씀하셨다.

"나는 네가 들고 있던 꽃을 내려놓으라고 한 것이 아니다. 너는 지금 내려놓되, 외부의 여섯 가지 감각의 대상(색, 소리, 냄새, 맛, 촉감, 법)과 내부의 여섯 가지 감각기관(눈, 귀, 코, 혀, 몸, 의지) 중 여섯 가지 마음작용을 일시에 내려놓으라는 말이었다. 더 이상 버릴 것이 없는 경지에 이르러야 비로소 그대는 생사를 해탈할 수 있을 것이다."

범지는 세존의 말씀을 듣는 순간 크게 깨닫고 물러났다.

흑치 범지라는 분이 신통력을 부렸다고 하면 깨친 것이 아닌가 생각할 수 있을 것입니다. 그러나 신통력과 깨달음은 다릅니다. 깨달음의 경지에서 육신통이 열리는 것이 부처님 경지입니다. 범지라는 분은 신통을 부릴 수 있는 능력이 있음에도 불구하고 부처님과 이심전심이 안 되는 것입니다.

이 선문답에서 부처님이 범지에게 내려놓으라는 것은 물건이 아닌, 요리조리 따지고 분별하는 마음입니다. '공양을 하겠다'는 생각을 내려놓으라고 부처님께서 말씀하셨지만, 범지라는 분은 이해를 못하는 것이지요. 신통력을 부리는 분이었지만 마음자리에서는 아직 깨닫지를 못한 것입니다.

신통력이 있지만 깨닫지 못하는 분들이 많았습니다. 부처님께서 가필라 성을 떠나 인도의 육사외도六師外道(부처님 재세시 인도에서 가장 세력이 컸던 여섯 사상가. 아지타 케사캄바라, 산자야 벨라티풋타, 막카리 고살라, 파쿠다 칼차야나, 푸라나 캇사파, 니간타 나타풋다이다)를 찾아다니며 수행하실 때, 사선정까지 들어가던 분이 계셨지만 윤회를 벗어나지 못했답니다.

우리가 사는 세계와 지옥, 천상세계 육욕천까지 욕심을

끊지 못하고 사는 세계를 욕계라고 합니다. 욕심은 끊었지만 물질에 대한 집착이 남아있는 세계를 색계色界라고 해요. 욕심도 끊고 물질에 대한 집착도 끊은 세계를 무색계천無色界天이라고 하지만, 마음이 나我라는 생각을 갖고 있다면 윤회를 벗어나지 못한다는 얘깁니다.

부처가 되는 길은 결코 쉬운 게 아닙니다. 그래서 견성성불見性成佛이라는 말도 개인적으로 잘못 쓰고 있는 부분이 있다고 생각합니다. '견성'이란 말은 본래 마음인 실상자리를 체험한 것이지, 그것을 곧바로 '성불'이라고 하면 안됩니다. 견성한 분이 욕심을 다 끊고 물질에 대한 집착을 끊었다고 하더라도 아직 성불은 아닙니다. 그런데 처음 성품을 본 경우에 어찌 성불이라고 할 수 있겠습니까? '성불'이라고 했을 때는 마음이라는 생각까지도 없어지는 경지까지 들어가야 성불입니다. 결코 쉬운 일이 아닙니다. 미륵 부처님께서도 56억 7천만년 후에 사바세계에 오시기까지 계속 수행을 한다고 합니다. 그런 경지에서 부처님께서 범지에게 내려놓으라고 하신 겁니다.

우리는 현실세계에서 사실이 아닌 것을 사실인 양 쫓고

살고 있습니다. 팔십 생을 살아도 살아온 시간을 되돌아보면 꿈을 꾸다 깬 것과 똑같다는 얘기예요. 아무것도 아니라는 것을 그때 깨닫게 된다는 말입니다. 하지만, 지금은 모릅니다. 그래서 우리가 바른 법(정법)을 알고 수행을 해야 된다는 것입니다. 바르게 알고 해야지, 모르고 하면 허송세월입니다. 달마 스님의 『혈맥론』에서도 "하나의 도리를 모르고 염불하는 것은 윤회를 벗어날 수 없다"고 말씀하고 계십니다. 성품을 보지 못하고 수행하는 것은 장좌불와를 오십 년을 했어도 윤회를 벗어나는 데 아무 도움이 되지 못한다고 말씀하십니다. 이론으로는 본래 나는 생사가 없고 오고 감이 없는 것을 알지만 현실에서는 끄달려 가잖아요. 무시이래 익혀온 습을 놓기가 어렵기 때문입니다.

수행자의 입장에서 보면 평생을 아무리 멋지게 살았어도 죽을 때 아무 것도 가져갈 수 없습니다. 그러니 멋지게 죽어야 됩니다. 만공 선사는 미리 갈 때를 알고 시자에게 물을 데우라 하시고, 거울 앞에서 "그동안 고생 많았다. 이제 너와 인연이 다 됐으니 너를 벗어주겠다" 하시고 열반에 드셨습니다.

얼마나 멋있습니까? 불자들은 걸림이 없어야 당당해질 수가 있습니다. 가도 가는 게 아니니까 죽을 때도 자식들로 하여금 울고 불고 하게 하면 안 됩니다. 우리는 육신을 집으로 살고 있지만, 세월이 흐르면 집이 망가질 수밖에 없어요. 망가지면 떠나는 것입니다. 그렇게 생각하고 잘 죽는 연습을 하셔야 돼요. 가실 때도 '가도 가는 게 아니다' 이렇게 편하게 말씀하고 가실 수 있어야 됩니다. 얼마나 멋지게 가는 것입니까? 그러나 우리가 무시이래 익혀온 습 때문에 쉽지 않다는 말입니다. 그래서 정진을 해야 하는 것입니다.

정진을 하실 때 화두를 들든, 염불을 하든, 주력을 하든 마음은 본래 실상자리에 두어야 한다고 거듭 말씀드렸습니다. '관세음보살'을 염하신다면, 관세음보살을 염하는 그놈이 우주와 하나라는 것을 믿어야 됩니다. 부처님 말씀과 육조 혜능 스님까지는 믿음을 무척 강조합니다. 무조건 부처님이나 조사스님들의 말씀을 믿으라는 이야기입니다. '관세음보살'을 한마디 하면 업도 맑아지고 나아가서는 세상을 맑히는 일이 됩니다. 소멸하는 것이 아니라 탁한 기운들을 맑혀주는 겁니다. 여러분의 불명佛名에서도 좋은 기운이 나옵니다. 불명을 불러주면 서로 좋은 이유입니다. 그러니 불자 여러분께서는 서로 불명을 불러 주며 신심이 돈독하도록 격려하도록 하십시오.

인도의 조사들

01 · 02 가섭 존자와 아난 존자

가섭이 게송으로 말씀하셨다.

法法本來法 법법본래법

無法無非法 무법무비법

何於一法中 하어일법중

有法有不法 유법유불법

법이란 법은 본래 법이니
법도 없고 법 아닌 것도 없네
어찌 한 가지 법 속에
법과 법 아닌 것이 있으랴.

■ 해설

여기서부터는 석가모니 부처님으로부터 법을 받으신 인
도의 조사스님들에 대한 가르침을 전하고 있습니다.

부처님의 법을 이은 제1조인 가섭 존자는 부호의 외아들
이었습니다. 존자의 어머니께서 결혼을 권유했지만 "나는
어머니와 똑같은 사람이 아니면 결혼을 않겠노라"고 해서,
어렵게 수소문해 결혼을 시켰습니다. 그러나 부부의 연을
맺었지만 손도 잡지 않았답니다. 마침내 가섭 존자는 출가
를 허락받게 됐고, 후에 그 부인도 출가를 하게 됐다고 합
니다. 이분은 출가를 하신 후에도 고행 위주로 수행을 하셨
습니다.

부처님께서는 가섭 존자에게 세 곳을 통해 법을 전했다는 일화가 전해져 오고 있습니다.

먼저 다자탑多子塔 앞에서 가섭 존자에게 자리의 반을 내어준 일화가 있고, 영산회상에서 법을 설하실 때 꽃을 한 송이 보여줌으로써 가섭 존자가 빙그레 웃음으로 답을 한 일화가 있습니다. 마지막으로는 부처님께서 열반하신 후 관 속에서 두 발을 내미셨다는 선문답이 있습니다.

다자탑 앞에서 자리를 반 내어준 일화에서 다자탑은 이런 설화를 갖고 있습니다.

어떤 장자에게 아들이 50명 있었는데 자식이 많다 보니 매일 시끄러웠어요. 어느 날 아버지가 50명의 아들에게 큰 나무를 하나 끌고 오라고 시켰습니다. 그런데 경사진 곳에서 가지를 잡고 끌고 내려오려 하니까, 지혜로운 어떤 분이 거꾸로 끌고 내려오면 쉽다는 것을 가르쳐주었어요. 거기서 자식들이 깨달은 바가 있어 아버지를 위해서 탑을 세웠는데, 그것이 바로 다자탑입니다.

부처님께서 다자탑 앞에서 법회를 하실 때 많은 대중이 운집했는데 가섭 존자가 근처에서 수행을 하셨습니다. 그래서 가섭 존자도 법회에 참석하게 됐는데, 대중은 가섭 존자를 알아보지 못할 정도였답니다. 머리도 깎지 않고 옷도 너덜너덜한 누더기를 입고 왔기 때문에 다른 분들은 알아보지 못했지만, 부처님께서는 알아보시고 당신 자리의 반을 내어주셨답니다. 이 행위는 부처님께서는 가섭의 법을 당신과 동격으로 인정을 하신 겁니다.

가섭에게 염화미소拈華微笑(부처님이 꽃을 들어 보이자 가섭이 미소짓다)의 선문답으로 법을 전한 부처님은 열반에 드시는 순간까지 가섭에게 불교의 정수를 온몸으로 보여줍니다.

부처님께서 열반에 드신 후 먼 곳에서 정진하던 가섭 존자가 곧바로 오지 못하자, 다비를 하려고 해도 불이 붙지 않았답니다. 가섭 존자가 부랴부랴 도착했을 때 비로소 부처님께서 관 밖으로 두 발을 쑥 내미셨답니다. 이 일화는 부처님의 마지막 모습을 보고자 하는 가섭 존자의 마음을 아시고 관 밖으로 발을 내미시며 보고 싶은 마음을 전했다는 화두이자 설화입니다.

이렇게 세 곳에서 석가모니 부처님의 법이 가섭 존자에게 전해졌다고 해서 선가禪家에서는 이를 두고 삼처전심三

處傳心이라고 말합니다.

아난 존자는 부처님의 사촌동생인데, 늦게 출가를 하셨답니다. 부처님께서 55세가 되셨을 때, 비로소 아난 존자가 출가를 했어요. 이때 대중이 아난 존자를 부처님 비서격인 시자로 추천하게 됩니다. 이때 아난 존자는 조건을 붙이셨습니다. 시자로 모시는 데 있어서 그동안 법문을 듣지 못한 부분을 다시 모두 설해 주실 것을 요청했고, 부처님께서 드시다만 음식이나 옷가지를 절대로 아난 존자 자신에게 전해주지 않을 것을 요청하셨답니다. 부처님께서는 조건을 들어주시고 존자는 부처님의 시자가 되었어요.

아난 존자는 부처님께서 한번 법을 설하시게 되면 내용을 다 외울 정도로 총명했다고 합니다. 대단한 총기죠. 부처님께서 열반하신 후 아난 존자가 부처님께서 말씀하신 것을 모두 외울 수는 있었지만 깨닫지는 못했어요. 부처님을 가장 측근에서 그림자처럼 모셨기 때문에 부처님께서 열반하셨을 때 가장 슬프게 우셨던 분이 아난 존자랍니다. 깨닫지를 못했기 때문에 내가 누구를 의지해서 깨달을 수 있을까 하는 생각에 가장 슬프게 우셨다고 합니다. 부처님께서 열반하신 후 재가 불자님들이 간절하게 부처님 법문을 듣고 싶어하실 때 아난 존자가 적격이다 해서 아난 존자가 부처님의 말씀을 그대로 전하게 되니, 신도들께서는 '제2의 부처님'이라고 추종을 했답니다. 아난 존자 또한 거기에 심취합니다.

하지만 어느 날 아난 존자가 설법을 할 때 한 스님이 "앵무새가 부처님 흉내를 내는 것과 다르지 않다"고 한 말에 충격을 받습니다. 그래서 발심을 하고 스스로 고행을 택하게 됩니다. 어떤 경전에는 7일 만에 도를 깨쳤다는 내용이 있고 21일 동안 용맹정진을 통해서 도를 깨쳤다는 기록도 있습니다. 그런 분심으로 용맹정진을 해서 아난 존자가 가섭 존자로부터 법을 이어받은 제2조가 되는 겁니다.

먼저, 가섭 존자의 오도송을 보도록 하겠습니다.

법이란 법은 본래 법이니

법이라고 했을 때 본래는 언어를 초월한 자리이니까 말로나 문자로 표현할 수 없지만, 법은 본래 이름이 법이라고 합니다. 본래 실상의 자리를 이름 붙일 수가 없으니까 부득이 그 자리를 법이라고 하는 것입니다.

불, 법, 승에 대한 삼귀의三歸依에서 '귀의불歸依佛'도 마찬가지입니다. 우리가 부처님께 귀의한다고 했을 때, 먼저 귀의할 대상을 생각하지만, 대상이 따로 있는 것은 아닙니다. 또한 '귀의법歸依法'이라고 했을 때는 부처님이 말씀하신 팔만사천 대장경을 말할 수도 있지만 우주의 근본실상인 '하나'의 자리에 돌아가서 의지한다는 의미입니다. 그하나의 자리를 반야라고 하기도 하고 부처님, 법이라고 부르기도 합니다.

'법'이라고 했을 때 초기 경전에는 연기법, 인과법 등 여러 가지 법이 있지만 반야부에 와서는 아함경, 방등경에서 말씀하신 연기법, 인과법을 부정하십니다. 진짜 법이라고 했을 때는 둘이 아닌 우주의 근본 실상, 문자와 언어로 표현할 수 없는 하나의 마음자리를 법이라고 한다는 뜻입니다. 여기서는 연기법, 인과법, 윤회법이 부정이 되는 것입니다. 왜냐하면 실상자리에서는 물질이 아니니까 생도 없고 멸도 없고, 더하고 줄어드는 것, 깨끗하고 더러운 것도 없다고 했잖아요. 그 자리에서는 인과도 없고 윤회도 없고 모든 것이 끊어진 것입니다.

근본이 되는 하나의 마음자리를 두고 이 법을 의지해서 수행할 때가 정도正道이며 최상승 수행법이라고 말합니다. 우리가 법이라고 했을 때는 둘이 아닌 하나의 법을 이야기하는 것입니다.

법도 없고 법 아닌 것도 없네

중도中道를 이야기하는 부분입니다. 실상자리에서는 어떤 표현을 해도 맞지 않으니까 '법이라고 해도 맞지 않고 법이 아니라고 해도 맞지 않다'는 애매모호한 말로 들릴 수도 있을 것입니다.

처음 강의를 시작하며 '체體'와 '용用'에 대해 아셔야『직지』내용을 이해하실 수 있다고 말씀을 드린 바 있습니다.

'용'은 물질의 세계를 말하는 것인데, 현상계는 모양이 없는 곳에서 작용을 통해 나왔기 때문에 현실의 세계도 본래는 사실이 아님을 뜻합니다. 우리가 느끼지 못할 뿐이지, 물질의 세계는 빠른 속도로 진동을 하고 있습니다. 진동에 의해서 우리가 느끼기에 있는 것처럼 착각할 뿐 사실이 아닙니다. 그래서 본래 언어로 표현할 수 없는 자리를 '체'라고 하고 모양이 없는 곳에서 작용을 통해 나온 현상계를 '용'이라고 부릅니다. '용'과 '체'는 둘인 것 같지만 하나라는 말입니다.

『반야심경』에서도 '색즉시공 공즉시색 色卽是空 空卽是色'이라고 하지요. '공'이라는 것은 우주의 근본인 '체'를 얘기하는 거예요. 중생들이 보는 세계는 모든 게 둘로 나누어지잖습니까. 그러나 깨침의 세계에서는 나눌 수가 없습니다. 중생을 교화하는 차원에서 법이라고 했을 때 그 자리를 법이라고 하는 것이고, 실상에서는 어떤 표현도 할 수 없기 때문에 법을 절대적으로 생각하면 집착입니다. 이렇다 저렇다 생각을 낸다면 번뇌입니다.

한 스님이 운문 스님을 찾아가서 "불교의 대의가 무엇입니까?" 하고 물었을 때, 운문 스님이 "마른 똥 막대기"라고 대답을 해주셨어요.

이분이 언어로 표현할 수 없는 '체'를 모르고 물질에 의해 생겨나는 현상 세계인 '용'을 물었던 거예요. 그러니 '용' 차원에서 대답을 하신 거예요. 불교의 대의나 마른 똥 막대기나 둘이 아닌 하나이니까, 불교의 대의가 마른 똥 막대기라고 답을 하신 것입니다.

이것을 잘못 이해하면 '어찌 불교의 대의가 마른 똥 막대기냐'고 비판할 수도 있을 것입니다. 그래서 선문답이라고 할 수 있는 거예요. '왜 불교의 대의를 똥 막대기라고 했을까?' 하고 의심이 생긴다면 화두의 원리가 성립되는 것입니다. 선문답을 통해 이 도리를 알았다면 곧바로 깨칠 수도 있는 것이고, 모르면 의문이 생기는 법입니다.

이와 같이 가섭 존자의 게송에서도 '체'와 '용'에 대해서 말씀하고 있습니다. '체'에서는 어떤 표현도 할 수 없기 때문에 법이라고 해도 맞지 않고 법이 아니라고 해도 맞지 않다는 뜻입니다. 교리적으로는 중도中道를 설하고 있다고 보는 것입니다.

어찌 한 가지 법 속에 법과 법 아닌 것이 있으랴

'체'의 차원에서는 있다 없다 대답을 한다면 그르친 답이 된다고 했습니다. '체'에 대해서는 우리가 다양한 표현들을 사용하곤 합니다. 부처님, 법, 진여, 진공, 공, 중도,

선이니 온갖 명사를 붙여 놓았습니다. 이것을 이해 못하시는 분들은 따로 나누어 생각하지만 절대 따로 나누어진 것이 아니고 표현만 달리했을 뿐, 본래의 실상자리는 절대 다르지 않습니다. 이것은 중도를 알아야 이해하실 수가 있습니다. '법과 법 아닌 것이 있으랴' 이 부분이 바로 중도실상 차원에서 표현한 부분입니다.

보普에 "교教의 바다는 아난의 입으로 흐르게 하고, 선禪의 등불은 가섭 존자의 마음에 붙이셨다"고 하였다.

그러므로 아난이 가섭에게 "세존께서 금란가사를 전해주신 것 외에 따로 어떤 법을 전해주셨습니까?"라고 물었을 때, 가섭이 아난을 부르자 아난이 "예!" 하고 대답하였다.

가섭이 말하였다.

"저 문 앞의 찰간刹竿을 넘어뜨려라."

■ 해설

부처님께서 말씀하신 팔만 가지의 경은 아난 존자가 모두 외워서 후세에 전했습니다. 그리고 부처님 깨달음의 실상세계는 가섭 존자가 법을 전해 주신 것으로 우리가 이해하고 있습니다.

물론, 후에는 아난 존자도 도道를 깨쳐서 똑같은 법을 전해 주셨기 때문에 경을 보시면 '여시아문如是我聞' 이렇게 시작됨을 지금도 볼 수 있습니다. '여시'라고 했을 때, '같을 여'자를 씁니다. 이것은 부처님께서 말씀하신 것을 외워서 그대로 적어 놓았다는 뜻이 아니고 부처님께서 깨달으신 세계를 아난 존자도 똑같이 깨달음의 세계에서 표현했다고 이해하셔야 됩니다.

위의 선문답은 아난 존자가 아직 깨우치지 못했을 때의 대화입니다. 그렇기 때문에 아난 존자가 '부처님으로부터 깨달음의 증표로 가사 외에 무엇을 또 받은 것이 없습니까?' 하고 가섭 존자에게 물은 것이죠.

이때 가섭 존자가 아난을 부른 후, "저 문 앞의 찰간刹竿(절의 앞에 돌이나 쇠로 만들어 높이 세운 기둥)을 넘어뜨려라" 하고 말씀하셨어요. 아직 아난 존자가 상相이 남아있으니 상을 버리라는 뜻입니다. '왜 문 앞의 찰간을 넘어뜨리라고 했을까?' 하고 의심이 생긴다면, 간화선 수행자들에게는 화두가 되기도 합니다. 나중에 아난 존자도 고행을 통해 눈을 뜨시고 가섭 존자로부터 법을 이어받으셨기 때문에 부처님으로부터 제2의 조사가 됩니다.

03 상나화수 존자

제3조 상나화수 존자가 우바국다를 만나 시자로 삼고 나서
물었다.

"몇 살인가?"

우바국다가 답하였다.

"저는 열일곱 살입니다."

"너의 몸이 열일곱 살인가, 너의 성품이 열일곱 살인가?"

우바국다가 대답하였다.

"스승님의 머리카락은 이미 백발이신데 머리카락이 세신 것입니까, 마음이 세신 것입니까?"

상나화수 존자가 대답하였다.

"나는 머리카락만 세었을 뿐 마음까지 센 것은 아니다."

우바국다가 답하였다.

"제 몸은 열일곱 살이지만 성품까지 열일곱 살은 아닙니다."

그러자 존자는 우바국다가 법기임을 알아차리고 그를 출가시켜 구족계를 주며 말하였다.

"옛날에 여래께서 위없는 정법안장을 가섭 존자께 부촉하신 이래로 그것이 대대로 전해 내려와 나에게 이르렀다. 내가 이제 그대에게 부촉하니 그대는 그것이 끊이지 않도록 하라. 그리고 나의 게송을 들어라."

그러고 나서 상나화수 존자는 다음과 같이 게송으로 말하였다.

非法亦非心 비법역비심

無心亦無法 무심역무법

說是心法時 설시심법시

無法非心法 무법비심법

법도 아니고 마음도 아니며

마음도 없으며 법도 없네

마음이니 법이니 말로 설명하려들 땐

이 법은 마음도 법도 아니네.

■ 해설

아난 존자로부터 법을 이어받으신 상나화수 존자가 우바
국다를 만나 선문답을 통해 점검하는 내용입니다. 상나화
수 존자는 나이가 많았던 분인데 우바국다를 시자로 삼으
며 묻는 것이죠. 여기서 "몇 살인가?" 하고 묻는 것은 바로
그의 근기를 묻는 것입니다. 나이를 묻는 것이지만, 서로
실상實相에 마음을 두고 주고 받는 선문답입니다.

우바국다는 이미 성품性品이 자기의 본래 주인공이란 것

을 알아차리고 대답을 하고 있습니다. 우리는 육신을 위주로 살기 때문에 현실적인 대화를 하지만 진리의 세계에서는 실상에 마음을 두고 대화가 오고 간다는 사실을 알 수 있어요. 우바국다는 과거 생에 많은 수행을 하신 분이기에 상나화수 존자의 마음을 알아차리고 근본 실상에 대한 대화를 통해 진리에 대한 안목을 인정 받은 것입니다.

게송을 보도록 하겠습니다.

법도 아니고 마음도 아니며
마음도 없으며 법도 없네
마음이니 법이니 말로 설명하려들 땐
이 법은 마음도 법도 아니네

이 게송은 '체'의 입장에서 표현한 말씀입니다. 어떤 표현을 해도 맞지 않으니까 법이라고 해도 맞지 않고 마음이라고 해도 맞지 않습니다.

부처님께서 49년 동안 법을 설하시고 나서 "한마디도 하지 않았다"고 하신 이유도 진리를 말로 드러낼 수 없으니까 그렇게 표현하신 것입니다. 조사스님들도 실상을 말로

표현할 수 없다는 말씀을 하고 있습니다. 법을 전하는 것은
마음과 마음을 통해 이심전심으로 전해지기 마련입니다.
문자나 언어로 표현할 수 없기 때문입니다.

04 우바국다 존자

第四優波毱多尊者

제4조 우바국다는 20세에 출가하여 깨달음을 얻은 후 여러 지방으로 다니면서 교화하여 수많은 중생들을 제도하였다. 최후에 미묘한 진리를 찾아 출가할 뜻이 간절한 향중香衆이라는 장자를 만나서 그에게 물었다.

"그대는 몸으로 출가하려 하오, 마음으로 출가하려 하오?"

"저는 몸이나 마음으로 출가하려는 것이 아닙니다."

"몸이나 마음으로 출가하려는 것이 아니라면 대체 무엇이 출가를 하고자 하는 것이오?"

"출가라는 것은 '나'와 '나의 것'이 없는 것입니다. 나와 나의 것이 없기 때문에 곧 마음이 생멸하지 않고, 생멸하지 않으면 그것이 곧 항상하는 도인 것이니, 여러 부처님들 또한 항상하십니다. 마음에 형상이 없고 그 본체 또한 그렇습니다."

"그대는 그게 깨달아 마음이 저절로 활짝 열릴 것이니, 불법승 삼보에 의지해서 머물러야 할 것이다."

그러고 나서 우바국다 존자는 향중을 머리를 깎아 출가시켜 구족계를 주고 그에게 법을 부촉한 뒤에 게송으로 말하였다.

心自本來心 심자본래심

本心非有法 본심비유법

有法有本心 유법유본심

非心非本法 비심비본법

마음은 본래부터 마음이요

본래의 마음에는 법이 있지 않네

법이 있고 본래의 마음도 있다면

마음도 아니고 본래의 법도 아니네.

■ 해설

여기서 장자長者라는 표현이 나오니까, 인도의 사성계급

四姓階級(바라문, 찰제리, 바이샤, 수드라)에 대해서 잠시 설명을 드리

고자 합니다.

사성계급은 인도를 점령한 아리안족이 원주민들을 지배

하기 위해서 브라만이라는 신을 설정하고 사람들을 계급에

따라 통치하고자 한 제도에서 유래한 것입니다. 아리안족

들은 스스로 '우리는 브라만이라는 신의 입을 통해서 태어

난 사람'이라고 주장했습니다. 브라만 계급 다음을 찰제리

('크샤트리아'라고도 함)라고 설정해 놓았는데 신의 어깨로 태어

난 계급이라고 말하고, 바이샤족들은 평민들로 인정을 해 놓았습니다. 노예인 수드라족, 그 다음에는 사성계급에도 들지 못하는 아주 험한 일을 하는 전다라라는 계급이 있습니다. 바라문 계급에 있는 사람들이 브라만 신을 모시는 일을 주관하고 출가를 해서 수행하는 바라문족이 되었습니다. 찰제리는 나라를 위해서 일하는 국왕이나 정치인, 무인들로 정해 놓은 것입니다.

석가모니 부처님도 찰제리족이었어요. 지금도 인도에는 이런 계급이 존재하는 곳이 적지 않습니다. 불교가 시작된 곳이지만 불교가 다른 종교에 의해서 탄압을 받고 전멸하다시피 했는데, 요즘은 다시 불교가 상당히 많이 일어나고 있어요. 왜냐하면 불교는 평등사상을 주장해서 현대의 민주주의 이념과도 부합하기 때문입니다. 부처님의 교리는 인간은 태어날 때 존귀하고 천함이 정해진 것이 아니라는 만인의 평등함을 주장하고 있습니다. 아무리 높은 계급으로 태어났어도 남에게 나쁜 짓을 한다면 누가 그 사람을 존경하겠습니까? 그 사람의 성품에 따라서 존경을 받고 못 받는 것이지 정해진 것이 아니라는 이야기입니다. 하지만 그 시대에는 평등사상이 좋기는 좋은데, 현실적으로는 잘 안 됐습니다. 그러니 그때 신분을 비관해 자살하는 소동이 일어나기도 했던 것입니다.

당시 인도에는 아무리 열심히 살려고 해도 천민을 벗어날 수 없는 계급이 많았습니다. 부처님께서 그때 설하신 경이 『아미타경阿彌陀經』입니다. 여러 가지 다양한 장례법이 있었지만, 부처님께서는 일념으로 『아미타경』을 염하면 극락에 태어날 수 있다고 말씀하신 겁니다. 얼마나 훌륭한 가르침입니까?

본문에서 '장자'라는 분들은 정상적으로 태어난 중산층의 평민들을 가리킵니다. 장사를 해서 많은 부를 누리는 분들이었어요.

제4조 우바국다는 20세에 출가하여 깨달음을 얻은 후 여러 지방으로 다니면서 교화하여 수많은 중생들을 제도하였습니다. 최후에 미묘한 진리를 찾아 출가할 뜻이 간절한 향중이라는 장자를 만나서 진리 차원에서 근기를 물어보시는 부분입니다.

향중이라는 장자가 하는 말을 들어보면 재가자이면서도

도의 경지를 초월해서 말씀을 하고 계십니다. 진정한 출가의 의미는 머리 깎은 형상에 있는 것이 아니라, 정말로 깨닫고자 하는 마음에 있다는 것입니다. 있다 없다는 관념이 끊어진 자리, 바로 '체'에서 대답을 하고 계십니다. 본래의 실상은 생과 멸이 없어서 눈을 뜨신 분 입장에서는 부처 아닌 게 없습니다. 우바국다가 향중 장자에게 "불법승 삼보에 의지해서 머물러라"한 것은 언어로 표현할 수 없는 자리로 돌아가서 의지해야 된다는 말씀입니다.

둘이 아닌 하나의 자리에 돌아가서 의지하는 것이 '법'입니다. 어떤 표현도 '하나(일심)'의 자리로 귀결이 되어야 됩니다. '하나'의 자리를 떠나면 모두 외도입니다. 법이라고 할 수 없어요. 불법승 삼보는 결국 하나의 자리입니다. 우바국다가 향중이라는 장자를 만나서 스승과 제자의 인연이 된 것도 하나가 된 것입니다. 스승을 만나 과거 생에 수행했던 도력이 활짝 열린 사실을 알 수 있습니다.

마음은 본래부터 마음이요

여기서 마음이라고 했을 때는 바로 '용' 차원에서 말씀하고 계시는 부분입니다. 이름이 마음이라는 애깁니다.

본래의 마음에는 법이 있지 않네

본래 자리에서는 어떤 이름도 붙일 수가 없기 때문에 법이라는 명칭도 붙을 수가 없습니다.

법이 있고 본래의 마음도 있다면

마음도 아니고 본래의 법도 아니네

만약에 법이라는 것이 있고 마음이라는 것이 있다면 마음도 아니고 법도 아니라는 말입니다. 있다고 입을 뗀다면 바로 그르치는 것입니다. 명칭, 개념, 고정관념과 같은 상相이 남아 있기 때문입니다. 실상인 '체'에서는 마음이라고 해도 맞지 않고 법이라고 해도 맞지 않다는 것을 이해하시면 되겠습니다.

05 제다가 존자

　　제5조 제다가 존자는 통진량通眞量이라고도 한다. 어느 날 존자가 미차가에게 말하였다. "옛날 여래께서 큰 정법 안장을 가섭 존자에게 부촉하신 이래 대대로 전하여 나에 게 이르렀다. 나는 이제 그것을 그대에게 부촉하고자 하니,

그대는 늘 염두에 두고 지켜야 한다."

　그러고 나서 게송으로 말하였다.

　　通達本心法　통달본심법

　　無法無非法　무법무비법

　　悟了同未悟　오료동미오

　　無心亦無法　무심역무법

　　근본인 법과 마음을 통달하면

　　법도 법 아닌 것도 없네

　　깨닫고 나면 깨닫기 전과 같으니

　　마음도 없고 법도 없다네.

　제다가 존자는 게송을 말한 뒤에 허공으로 날아올라 열여덟 가지의 변화를 보인 뒤에 화화삼매化火三昧로 스스로 몸을 태웠다.

■ 해설

제다가 존자가 부처님으로부터 받은 정법안장을 제자인 미차가에게 전하는 과정입니다. 깨달음의 게송으로 진리의 세계를 전하는 것입니다.

근본인 법과 마음을 통달하면 법도 법 아닌 것도 없네

우주의 근본실상, 둘이 아닌 하나의 자리를 '법'이라고 이름 붙인 것이고, 그 마음을 통달하여 근본 마음자리를 깨닫고 보면 이 우주가 모두 법이라는 게송입니다.

성철 스님께서 설한 "보이는 만물은 관음觀音이요, 들리는 소리는 묘음妙音"이라는 말과 똑같은 표현입니다. 본질이 작용을 통해서 나타나는 형상이어서 눈에 보이고 귀에 들리는 모든 것이 관세음보살님, 부처님이라는 설법입니다.

근본실상은 언어로 표현할 수 없지만 부득이 인격적으로 '부처님'이라고 부릅니다. 비유하자면, 얼음과 물이 둘인 것 같지만 원래는 하나입니다. 물이 찬 기운을 만나면 얼음이 되고 따뜻한 기운을 만나면 다시 물이 되듯이 물과 얼음은 결국 하나입니다. 그와 마찬가지로 본질을 부처님이라고 부른다면 부처님이 인연을 따라 진동을 통해 나타나는 현상계도 역시 부처님이라는 뜻입니다. 진리 차원에서 보면 부처 아닌 게 없고 진리 아닌 게 없다는 말입니다. 이 진여의 자리를 이해하신다면 어떤 경이든 바르게 공부하실 수가 있어요.

깨닫고 나면 깨닫기 전과 같으니

깨닫고 나면 깨닫기 전과 다른 것이 아니고, 거꾸로 된한 생각만 바로 돌렸던 것입니다. 석가모니 부처님께서도별을 보고 깨닫고 보니, 본래 실상자리에서는 별이라는 것도 이름에 지나지 않는다고 말씀하셨습니다.

마음도 없고 법도 없다네

실상인 '체'의 입장에서 말씀하고 있는 부분입니다. 실상에서는 마음이라고 해도 맞지 않고 법이라고 해도 맞지 않으니, 마음도 없고 법도 없다고 말씀하십니다.

제다가 존자는 게송을 말한 뒤에 허공으로 날아올라 열여덟 가지의 변화를 보인 뒤에 화화삼매로 스스로 몸을 태

있습니다. 공중으로 솟구쳐 올라가서 다양한 신통력을 부린 거예요. 스스로 자기 몸에 불을 일으키는 삼매입니다. 이것을 화광삼매火光三昧라고 하는데, 공중에서 자기 몸을 분해시켜 버리는 불사입니다.

06 미차가 존자

제6조 미차가 존자는 북천축국에서 교화를 펴다가 망루 위에 금빛 찬란한 상서로운 구름이 떠 있는 것을 보고 감탄하며 말했다.

"반드시 나의 법을 이을 대인이 있을 것이다."

그러고 나서 성안으로 들어갔는데, 어떤 사람이 술병을 들고 맞은편에서 오며 물었다.

"스님, 어디서 오시며 어디로 가시려 하십니까?"

미차가 존자가 답하였다.

"나는 마음에서 오며, 가고자 해도 갈 곳이 없네."

"스님은 저를 아십니까?"

"나는 알지 못한다. 안다고 하면 내가 아닐 것이다."

미차가 존자가 또 말하였다.

"그대의 성명이나 말해 보라. 그러면 그 다음에 나도 본래의 인연을 말하겠네."

그 사람은 다음과 같은 게송으로 대답하였다.

저는 한량없는 겁을 따라
이 나라에 태어나기까지
본래 성은 바라타이고
이름은 바수밀입니다.

미차가 존자가 말하였다.

"옛날 세존께서 북인도를 지나시다가 아난 존자에게 이르시기를 '이 나라에서 내가 열반에 들고서 300년이 지난 후에 성은 바라타이고 이름은 바수밀이라는 한 성인이 나타나서 선禪의 일곱 번째 조사가 될 것이다'라고 말씀하신 적이 있네."

"지금 스님의 말씀과 꼭 들어맞으니 저를 출가시켜 주십시오."

미차가 존자는 곧 그를 출가시키고 구족계를 주었다. 그러고 나서 말하였다.

"정법안장을 지금 그대에게 부촉하니 끊이지 않도록 하라." 그리고 다음과 같이 게송으로 말하였다.

無心無可得 무심무가득

說得不名法 설득불명법

若了心非心 약료심비심

始解心心法 시해심심법

마음이 없어서 얻을 것도 없으니

얻은 것이 있다면 법이라 할 수 없네

마음이 마음 아닌 줄 깨달으면

비로소 마음과 마음의 법을 알리라.

존자는 게송을 마친 뒤에 화화삼매로 스스로 몸을 태웠다.

■ 해설

제6조 미차가 존자는 북천축국에서 교화를 펴다가 망루 위에 금빛 찬란한 상서로운 구름이 떠 있는 것을 보고 감탄했다고 하는데, 상서로운 구름이라는 것도 눈을 뜨지 않은 분은 볼 수 없습니다. 일반인의 눈에는 보이지 않지만 수행을 많이 하시는 분들은 염불을 하는 순간순간 금빛이 발합니다. 바수밀이라는 분은 술을 많이 드시는 분이셨지만, 전생에 수행을 많이 하셨기 때문에 상서로운 기운이 그를 감싸고 있었다는 말입니다.

바수밀이 "스님, 어디서 오시며 어디로 가시려 하십니까?" 하고 물었을 때, 미차가 존자가

"나는 마음에서 오며, 가고자 해도 갈 곳이 없네" 하고

답했습니다.

미차가 존자의 법문은 마음이 동해서 움직이고 있지만, 본래마음은 오고 가는 것이 아니니까 갈 곳이 따로 정해진 곳이 없다는 말입니다.

바수밀이 "스님은 저를 아십니까?" 하고 질문할 때 '저'는 바로 '체'의 자리를 묻는 것입니다. '저의 본래 자리를 아십니까?' 이런 뜻을 담은 질문입니다.

그 자리는 입을 떼면 답이 아니라고 했습니다. 그래서 여기에 대한 답으로 미차가 존자는 "나는 알지 못한다. 안다고 하면 내가 아닐 것이다"라고 대답하신 것입니다.

본래 마음자리에서는 안다고 하면 정답이 아니잖아요. 술병을 든 나(바수밀)와 미차가의 나는 하나이고, 나라고 하면 언어로 표현할 수 없는 자리이니까 '나가 없다'고 말하는 것입니다.

마음이 없어서 얻을 것도 없으니
얻은 것이 있다면 법이라 할 수 없네
마음이 마음 아닌 줄 깨달으면

비로소 마음과 마음의 법을 알리라

본래의 마음자리인 반야 차원에서 비추어 보면 마음이라는 것도 없으니 『반야심경』에서 '무지역무득無智亦無得'이라고 했습니다. 지혜도 없고 얻을 것도 없는 실상인 '체'의 자리에서 말씀하시는 부분입니다. 여기에서 얻는다는 것은 둘이 아닌 하나의 자리에 눈 뜨는 것을 말합니다. 진여자성에 대해 어떤 표현도 할 수 없는 도리를 깨닫게 되면 실상을 바로 알게 된다는 뜻입니다.

07 바수밀 존자

제7조 바수밀 존자는 미차가 존자를 만나 여래의 옛 기록을 전해 듣고서 스스로 전생의 인연을 살핀 뒤에 나아가 (불타난제 존자를) 출가시켜 구족계를 주었다. 그 후에 바수밀 존자는 다시 "여래의 정법안장을 내 이제 그대에게

부촉하니, 그대는 잘 지니고 수호하라"고 당부한 뒤에 게
송으로 말하였다.

心同虛空界 심동허공계

亦等虛空法 역등허공법

證得虛空時 증득허공시

無是無非法 무시무비법

마음은 허공계와도 같기에

허공과 같은 법을 보이는 것이네

허공을 증득할 땐

옳은 법도 그른 법도 없으리라.

존자는 게송을 마치고 이내 삼매에 들어 열반하였다.

■ 해설

불교 공부는 한마디로 마음을 참구하는 참선參禪입니다.
앞에서 언어로 표현할 수 없는 '체' 자리를 인격적으로 부

처님이라고 부른다고 했습니다. 우주의 근본실상, 진공묘유의 자리를 선禪이라고 합니다. 참선이라고 했을 때 '참' 자는 '참구할 참' 자를 씁니다. 우주의 근본실상을 마음에 두고 그 자리를 깨닫기 위해 참구하는 것이 참선인 것입니다.

불교 공부는 기도하는 것이 아니라 참선하는 것임을 거듭 유념해야 합니다. 간화선은 언어로 표현할 수 없는 자리를 의심하는 것이고, 의심이 성성惺惺(고요하고 슬기로운 모습)하게 생긴다면 아주 빠른 공부법이 됩니다. 그러나 근기가 수승하지 않거나, 과거에 수행을 많이 하지 않았으면 화두의심이 쉽게 들리지는 않습니다. 의심이 되지 않을 때는 진여자성 자리에 마음을 두고 정진을 하는 것입니다.

조사선 수행법을 성철 스님께서는 돈오돈수頓悟頓修(단박 깨치고 단박 닦음)로 주장하셨고, 보조 국사께서는 돈오점수頓悟漸修(단박 깨치고 점차 닦음)를 말씀하셨는데 학자들 간에 논쟁이 있었어요. 그러나 돈오돈수와 돈오점수는 논쟁할 부분이 아닙니다. 돈오돈수는 조사선 차원에서 말씀을 하시는 거예요. 돈오돈수는 우주실상 자리에 마음을 두고 정진을 하는 것인데, 만약 닦는다는 생각을 한다면 벌써 어긋나는 것입니다. 실상을 깨달았지만 전생의 습기는 남아있기에, 습기를 녹이기 위해서 닦아나가는 것을 돈오점수라고 하는 것입니다. 성철 스님께서 주장하신 돈오돈수 법은 닦기는 닦되 닦는다는 생각도 없어야 됩니다. 실상자리에 마음을 두고 있으면 어떤 생각을 해도 번뇌이니까, 수행을 하고 있다는 생각도 없어야 된다는 것입니다.

우리는 우주의 근본실상을 이해하고 있는데 이것은 해오解悟입니다. 수행을 통해서 깨달았을 때 돈오頓悟라는 표현을 쓰는 겁니다. 조사선 수행에서는 해오가 되든 돈오가 되든 그 자리에 대해 의심하는 것이 아니라 믿는 것입니다. 우주를 그대로 하나의 마음으로 보고 정진해 나가는 것이 바라밀행이고, 바라밀행이 대승의 수행법입니다. 개인적인 해탈을 강조하는 성문승聲聞乘과 연각승緣覺乘의 수행을 소승수행이라고 하는데, 우리가 우주를 하나로 보고 수행한다고 했을 때는 대승의 길로 가는 거예요. 대승이 곧 반야바라밀행이라고 이야기하는 것입니다. 관세음보살을 찾든 지장보살을 찾든 우주와 하나라는 믿음을 갖고 정진하는 것이 바라밀 수행이라는 말입니다.

선종의 제7조인 바수밀 존자는 석가모니 부처님께서 이미 예언하신 분이십니다. 조사스님들이 제자에게 법을 전할 때는 둘이 아닌 하나의 자리에 대해 서로 마음이 통할 때 이심전심으로 법이 전해지는 것입니다. 그래서 그 경지를 여래如來라고 표현하기도 합니다.

마음은 허공계와도 같기에

허공이라는 것은 우리가 사는 공간 세계를 말하는데, 육안으로 볼 수 없을 뿐 생명체로 꽉 차 있습니다. 텅 비었다는 표현을 쓰기도 하는데 사실 텅 빈 게 아닙니다. 진리 차원에서 공空이라는 말은 텅 빈 게 아니라 생명으로 꽉 차 있습니다. 마음이 있지만 볼 수 없듯이 공간이라는 세계도 생명으로 꽉 차 있지만 볼 수는 없어요. 그래서 '텅빈 충만'이라는 표현을 쓰기도 합니다.

표현만 다를 뿐 마음과 생명은 다르지 않습니다. 마음이 있기에 생명으로서 존중을 받는 것이고 마음이 빠져나가면 생명이 아닙니다. 육안으로 보면 경계가 있지만 마음에서 보면 경계가 다 끊어진 거예요. 이분은 깨달았기 때문에

'마음과 허공은 둘이 아닌 하나'라고 말씀하고 계십니다.

허공과 같은 법을 보이는 것이네

텅 빈 마음은 있지만 물질이 아니니까 텅 비었다는 표현을 씁니다. 법이라는 말을 썼을 때 '용' 차원에서는 실상에서 작용을 통해 나타나는 현상계를 의미합니다. 언어로 표현할 수 없는 하나의 자리를 부득이 이름을 붙인다면 '법'이라고 말합니다.

허공을 증득할 땐 옳은 법도 그른 법도 없으리라

하나의 도리를 깨달았을 뿐, 하나의 법에 대해서는 옳은 법도 그른 법도 없다는 말입니다. 둘이 아닌 하나의 자리를 법이라고 하지만, 옳다 그르다 규정할 수 있는 자리가 아니라는 말입니다. 실상인 '체'의 자리에서 말하는 겁니다. 이 법을 아셔야지 불자로서 정법을 만났다고 말하는 거예요. 이것이 부처님이 말씀하시고자 하는 법입니다.

08 불타난제 존자

제8조 불타난제 존자는 처음 바수밀 존자를 만나 가르침을 받고 출가하였다. 그는 후에 교화하러 다니다가 제가다국의 성에 있는 비사라의 집에 이르렀는데, 그 집 위에서 흰 광명이 솟아오르는 것을 보고 제자들에게 말하였다.

"이 집에 틀림없이 성인이 있을 것이다. 말을 하지는 못하나 진짜 대승의 그릇일 것이다."

불타난제가 말을 마치자 장자가 나와서 절을 올리며 물었다.

"무엇이 필요하십니까?"

"나는 시자를 구하고 있소."

"저에게는 복다밀다라는 아들이 있는데, 나이가 50이 되도록 말 한마디도 하지 못하고 걸음도 제대로 걷지 못합니다."

존자가 말하였다.

"그대가 말한 대로라면 참으로 나의 제자요."

불타난제 존자가 복다밀다를 보러 가니 복다밀다는 벌떡 일어나서 존자에 절을 올린 후 게송으로 말하였다.

부모는 나와 친하지 않으니
그 누가 가장 친한 사람입니까?
부처님들도 나의 도가 아니니
무엇이 궁극적인 도입니까?

불타난제 존자는 게송으로 대답하였다.

그대의 말은 마음과 친하니
부모에게 견줄 바는 아니다
그대의 행이 도와 일치하니
모든 부처님 마음이 바로 그것이다.

밖에서 아무리 형상이 있는 부처를 구하여도
그대와 같지 않으리라
그대의 근본 마음을 알고자 한다면
그와 하나 되지도 말고 떨어지지도 말아야 하리라.

복다밀다는 존자의 깊은 뜻이 담긴 게송을 듣고 곧바로
일어나서 일곱 걸음을 걸었다. 이에 불타난제 존자는 바로
그를 출가시켜서 구족계를 준 뒤에 다시 그에게 말하였다.
"내가 이제 여래의 정법안장을 그대에게 부촉하니, 끊이
지 않도록 하라." 존자는 게송으로 말하였다.

虛空無內外 허공무내외

心法亦如此 심법역여차

若了虛空故 약료허공고

始達眞如理 시달진여리

허공은 안과 밖이 없으며

마음의 법 또한 그러하다

허공을 훤히 안다면

진여의 이치에 이를 것이다.

불타난제 존자는 게송을 마친 후 신통한 변화를 나타내더니 완전하게 적멸에 들었다.

■ 해설

복다밀다는 나이 50이 되도록 말 한마디 못하고 걸음도 제대로 걷지 못하였지만, 불타난제 존자는 그가 우주를 하나로 볼 수 있는 큰 그릇인 것을 단박에 알아봅니다. 불타난제 존자가 "내 법을 전해줄 사람을 찾으러 왔소" 하고 제자인 복다밀다에게 법을 전해줍니다. 알고 보니, 복다밀다라는 분은 50년 동안이나 스승을 기다렸던 것입니다. 이렇게 인연이 맞게 되면 말을 하지 못하는 분도 말을 하게 되고 걷지 못하는 분도 걸을 수가 있답니다.

부모는 나와 친하지 않으니 그 누가 가장 친한 사람입니까?
부처님들도 나의 도가 아니니 무엇이 궁극적인 도입니까?

물질로 이루어진 모든 것은 멸하게 되어 있으니까, 진정한 것이 아니라는 말입니다. 보살님 명호나 부처님 명호도 이름만 붙여 놓았을 뿐 진실이 아닌 것은 마찬가지입니다. 가장 가까운 사이인 부모님이나 자식, 스승이나 제자, 남편과 아내라 하는 것도 모두 이름과 개념으로 구분된 것이기에 진실이 아님을 강조하고 있습니다. 형상이 진실이 아니라면, 우리가 불상을 향해 절을 할 때도 근본 실상에 마음을 두고 해야 되겠죠? 그러니 이름에 속고 형상에 속지 말라는 설법입니다.

그대의 말은 마음과 친하니 부모에게 견줄 바는 아니다

근본실상인 '체'와 하나가 되었으니 세속에서는 부모님이 절대적이지만 도道의 실상에서는 부모에게 견줄 바가 아니라는 말씀입니다. 부처님께서 말씀하신 진정한 효는 물질적으로 공양을 잘 하고 마음을 편하게 해드린다고 이뤄지는 것이 아닙니다. 참된 효는 부모님께 마음을 깨달을 수 있는 인연을 맺어주는 것임을 깊이 명심하셔야 합니다. 그것이 참된 공덕을 쌓는 일이고 최상의 효라고 말씀하고 계십니다.

그대의 행이 도와 일치하니 모든 부처님 마음이 바로 그것이다

금생에 수행을 하지는 않았지만 도道와 하나가 되니, 부처님께서 깨달으신 세계가 바로 하나의 마음자리라는 말입니다. 모든 부처님과 조사스님들, 스승과 제자의 본래마음이 모두 한 자리임을 거듭 강조하고 있습니다.

밖에서 아무리 형상이 있는 부처를 구하여도
그대와 같지 않으리라

마음 밖에서 부처를 구하는 것은 외도입니다. 관세음보

살님이 마음 밖에 따로 있고, 지장보살님이 따로 있다고 생각하는 것은 진정한 도가 아닙니다. 이런 수행은 열심히 하면 극락에 태어날 수는 있지만 깨달음을 이루기는 어렵다고 말하고 있습니다. 복다밀다는 우주의 실상實相에 마음을 두고 있는 분이었기에, 그대와 같지 않으리라는 표현을 하고 있는 것입니다.

그대의 근본 마음을 알고자 한다면
그와 하나 되지도 말고 떨어지지도 말아야 하리라

마음에서 근본과 하나가 되겠다, 떨어지겠다는 생각도 분별심인 이분법적 사고이니 하지 말라는 말씀입니다. 이는 중도中道의 차원에서 설법하고 계시는 부분입니다.

허공은 안과 밖이 없으며 마음의 법 또한 그러하다
허공을 훤히 안다면 진여의 이치에 이를 것이다

허공은 우리의 마음을 상징하는데 여기에는 안과 밖이 없습니다. 하나의 마음을 법이라고 하는데 그것도 또한 안과 밖이 없다는 말씀입니다. '체'의 입장에서 말씀하고 계신 부분입니다. 마음의 도리를 훤히 안다면 마침내 하나의 경지에 이를 것이라고 말합니다. 하나의 경지에 이르기 위해서는 절대적으로 반야般若에 마음을 두고 정진해야만 가능하다는 이야기입니다.

09 복다밀다 존자

제9조 복다밀다 존자는 교화하러 나섰다가 중인도에 이르렀다. 그곳의 향개香蓋라는 장자가 아들을 데리고 찾아와 절을 올린 뒤 이렇게 말하였다.

"이 아이는 제 어미의 태胎 속에서 60년이나 있었으므로 난생難生이라 부릅니다. 이제 스님을 뵙게 되었으니 출가시켜 주십시오."

이에 복다밀다 존자는 곧바로 난생의 머리를 깎고 구족계를 받게 하였다.

갈마를 할 때 상서로운 빛이 그 자리를 밝히더니, 37과의 사리가 나타났다.

이때부터 난생은 피로한 줄을 모르고 부지런히 정진하였다. 그 후 복다밀다 존자가 그에게 말하였다.

"여래의 정법안장을 이제 그대에게 부촉하니 그대는 잘 지켜서 잃어버리지 말아야 한다." 존자는 게송으로 말하였다.

眞理本無名 진리본무명
因名顯眞理 인명현진리
受得眞實法 수득진실법
非眞亦非僞 비진역비위

진리는 본래 이름이 없는데

이름으로 인하여 진리를 나타낸다
진실한 법을 얻으면
그것은 참도 아니며 거짓도 아니다.

존자는 난생에게 법을 부촉한 뒤에 이내 멸진삼매滅盡三昧에 들었다.

■ 해설

복다밀다와 불타난제 존자는 상서로운 기운을 느끼면서 법을 이어받으신 분이신데, 과거 생에 수없이 반복해서 깨달으신 분들입니다.

제9조 복다밀다 존자가 교화하러 나섰다가 중인도에서 만난 향개 장자의 아들 난생이 어머니 태중에서 60년이나 있었다고 하니, 이해가 잘 되지 않는 부분일 것입니다. 난생도 인연의 때를 기다리지 않았나 생각이 됩니다.

불자님들에게 총명하고 똑똑한 아들이 있다면 출가시킨다는 것이 결코 쉬운 일이 아닐텐데, 향개라는 장자는 아들을 출가시켜 달라고 복다밀다 존자에게 부탁을 합니다. 그런데 복다밀다 존자가 비구계를 설할 때 상서로운 빛이 그 자리를 밝히더니 37과의 사리가 나타났다고 합니다. 이는 공중사리를 말합니다. 태중에서 60년 동안 있었던 것도 놀라운 일이고 계율을 줄 때 사리가 나타난 것도 상서로운 일이지만, 이때부터 행복하게 정진을 하셨다는 말입니다. 과거 생에 수행을 많이 하셨기에 가능한 이야기입니다.

**"여래의 정법안장을 이제 그대에게 부촉하니 그대는 잘
지켜서 잃어버리지 말아야 한다."**

여기서 잃어버리지 말아야 한다는 말씀은 보임保任(깨달은 바를 보호하고 지켜나가는 것) 수행을 말합니다. 본인이 깨친 하나의 도리를 놓치지 말고 그 자리를 지키라는 말씀입니다.

**진리는 본래 이름이 없는데
이름으로 인하여 진리를 나타낸다**

본래 실상자리에서는 모양이 없으니까 있다고 할 수도 없고 없다고도 할 수 없는 중도를 말하고 있습니다. 이름을 붙일 수 없지만 부득이 진리라고 이름을 붙였다는 말입니

다. 법이니, 선이니, 부처니, 그저 이름을 붙여놓은 것이니 이름에 속거나 얽매여서는 안될 것입니다.

진실한 법을 얻으면

진실한 법은 얻는 게 아닙니다. 얻을 수 있다면 잃을 것도 있기 때문에, 참다운 진리를 무소득법無所得法이라고 했습니다. 불교를 믿는다고 했을 때 무엇을 얻고자 생각하는 분들이 있는데, 본래의 참된 자리로 돌아가기 위해 수행을 하는 것이지 무엇을 얻으려고 수행하는 것이 아닙니다. 진실한 법을 깨닫게 되는 것이지 얻을 바가 있다고 생각해서는 안됩니다.

그것은 참도 아니며 거짓도 아니다

본래의 마음자리는 입을 떼면 그르치는 자리입니다. 이것이 진실이다, 아니다 규정할 수조차 없는 일체의 개념화가 끊어진 실상 자리를 말하는 것입니다. 바로 진여眞如 자리를 말하는 부분입니다.

10 협 존자

제10조 협 존자가 태어날 적에 존자의 아버지는 흰 코
끼리 한 마리를 꿈에 보았는데, 코끼리의 등 위에는 보배
의자가 있었고, 그 의자 위에는 눈부시게 밝은 구슬 하나가
놓여 있었다. 코끼리가 문으로 들어오자 구슬의 광채가 사

부대중을 환히 비추었다. 꿈에서 깨어난 뒤에 협 존자가 태어났다.

후에 협 존자는 복다밀다 존자를 뵙고 곁에서 극진히 시봉하였는데, 누워 잠든 적이 없었으므로 '옆구리가 자리에 닿지 않는다' 하여 협 존자라 불리게 되었다.

훗날 협 존자가 화씨국으로 교화하러 들어갔다가 나무 아래에서 쉬고 있었다. 한 장자의 아들인 부나야사가 다가와 합장을 하고 존자의 앞에 섰다.

협 존자가 물었다.

"그대는 어디에서 왔는가?"

부나야사가 답하였다.

"제 마음은 가지 않았습니다."

"그대는 어디에 살고 있는가?"

"제 마음은 머무르지 않습니다."

"그대는 정해지지 않았는가?"

"모든 부처님들도 그러하셨습니다."

협 존자는 부나야사의 뜻을 알아차리고 바로 출가하게 하여 구족계를 준 뒤에 이렇게 말하였다.

"여래의 정법안장을 이제 그대에게 부촉하니 그대는 잘 지키고 보호해야 한다."

협 존자가 게송으로 말하였다.

眞體自然眞 진체자연진

因眞說有理 인진설유리

領得眞眞法 영득진진법

無行亦無止 무행역무지

'참'의 본체는 그대로가 참이니

참으로 인해서 이치가 있다고 말한다

진실한 법을 깨닫는다면

가는 것도 없고 멈추는 것도 없으리라.

협 존자는 법을 그에게 부촉한 뒤에 바로 열반에 들더니 화화삼매에 들어 스스로 몸을 태웠다.

제10조인 협 존자가 태어날 적에 존자의 아버지는 흰 코끼리 한 마리를 꿈에 보았는데, 코끼리의 등 위에는 보배 의자가 있었고 그 의자 위에는 눈부시게 밝은 구슬 하나가 놓여 있었다고 합니다. 부처님께서도 탄생하실 때 어머니인 마야 부인이 흰 코끼리의 꿈을 꾸셨다고 하는데, 불교에서는 코끼리를 힘이나 원력으로 상징합니다. 협 존자 역시 과거 생에 수행을 많이 하신 분이라고 볼 수 있습니다. 밝은 구슬이란 불성佛性을 상징한 것입니다. 이미 이분은 '부처님 경지〔佛地〕'에 올라 있었다는 비유입니다.

협 존자는 훗날 부나야사라는 사제지간의 인연을 만나게 되는데, 협 존자가 "그대는 어디에서 왔는가?" 물었을 때, 부나야사는 "제 마음은 가지 않았습니다"라고 답을 지어 오고 감이 없는 본래자리에 대해 서로 마음이 통하고 있습니다.

"그대는 어디에 살고 있는가?"

"제 마음은 머무르지 않습니다."

우리 마음이 어디에 머문다고 생각한다면, 이분법적인 사고입니다. 진여자성은 오고 감도 없으며 머무는 바도 없습니다. 그래서 『금강경』에서는 "머무는 바 없이 그 마음을 내라〔應無所住 而生其心〕"고 설하고 있는 것입니다.

"그대는 정해지지 않았는가?"
본래 실상자리와 하나가 된 경지를 말하고 있습니다. 불법은 정해진 바가 없어서 『금강경』에서는 무유정법無有定法, 즉 '정함이 없는 법'이 영원한 법이며 최상의 법이라고 설하고 있습니다.

"모든 부처님들도 그러하셨습니다."
부나야사는 이미 부처님의 본래 마음자리와 하나로 다름 없는 경지를 이심전심으로 누리고 있음을 확신하며 말하고 있습니다.

'참'의 본체는 그대로가 참이니
참으로 인해서 이치가 있다고 말한다

본래의 실상은 그대로 참이니 진리眞理 자체로 인해 이치가 있다고 말합니다.

진실한 법을 깨닫는다면
가는 것도 없고 멈추는 것도 없으리라

실상을 깨닫게 되면 오고 감도 없고 생사도 없는 불생불멸不生不滅의 경지가 됨을 말하는 부분입니다. 『반야심경』에서 진리의 실상은 불생불멸한 동시에 오고 감이 없어서 불거불래不去不來라고 했습니다. 그 크기는 허공과 같고 시간은 시작과 끝이 없어 조금도 변할 수 없습니다. 그 넓기는 두루 법계를 감싸고 아무것도 빠뜨리지 않으며, 그 미세하기는 아무리 작은 사물이나 티끌까지도 그것에 비유할 수가 없는 것입니다.

'화화化火삼매'는 스스로 자기 몸에 불을 일으켜 공중분해시키는 것을 말합니다.

11 부나야사 존자

富那夜奢者華氏國人也世質婆羅門氏父身寄得法於脇尊者至
波羅奈國有馬鳴大士敬求度迎謂菜曰
大聖至為見今未識佛何相云爾國有聞領人智珠
零至運相通今乎馬鳴稽首乃祥義養生
中有為為救煩悲婆悲相稽養生
因明大士
於波波夜
國脇伏之以之聲
六六尊用
以心心開法師了非一非智神披法氏了相級
大心開法師了非一非智神級法妙
於波夜奢者非佛
國脇伏之以之聲一十第

제11조 부나야사 존자는 협 존자에게서 법을 얻은 뒤에
바라나국을 찾아갔다. 그곳에 사는 마명馬鳴 대사가 부나야
사 존자를 찾아와 절을 올리고는 여쭈었다.

"저는 부처에 관해서 알고 싶습니다. 도대체 어떤 사람이 부처입니까?"

부나야사 존자가 대답하였다.

"그대는 부처에 관해서 알고 싶다고 하였는데, 알지 못하는 것이 바로 부처이다."

"아직 부처가 뭔지 잘 모르는데 그것이 부처인 줄 어찌 알겠습니까?" 그러자 부나야사 존자가 대답하였다.

"아직 부처에 대해 잘 모른다면서 부처가 아닌 줄은 어찌 아는가?"

이에 마명은 한순간에 환히 깨달아서 바로 출가하기를 원하였다. 그러자 부나야사 존자가 대중에게 이렇게 말하였다.

"이 대사는 옛날에 비사리국의 임금이었소. 그런데 그 나라의 어떤 부류 사람들은 말처럼 벌거벗은 채로 지내고 있었소. 이에 대사가 신통력으로 누에로 변신하여 비로소 그들은 옷을 입을 수 있게 되었소. 그 후에 중인도에 다시 태어났는데, 말과 사람들이 모두 다 감격하고 연모하여 구슬피 울었으므로 이름을 '마명'이라 하였던 것이오."

이어서 존자는 마명에게 출가를 허락하고 구족계를 주

고 나서 그에게 말하였다. "여래의 큰 법(정법안장)을 이제 그대에게 부촉하노라."

그리고 게송으로 말하였다.

迷悟如隱顯 미오여은현
明暗不相離 명암불상리
今付隱現法 금부은현법
非一亦非二 비일역비이

미혹함과 깨달음은 숨음과 드러남과도 같나니
빛과 어둠은 서로 떨어지지 않는 것이네
이제야 숨음과 드러남의 법을 부촉하니
그것은 하나도 아니며 둘도 아닌 것이다.

존자는 법을 부촉한 뒤에 고요히 원적圓寂에 들었다.

■ 해설

부나야사 존자가 제자인 마명에게 법을 전하는 내용인

데, 마명 대사는 처음에는 소승불교 공부를 하셨던 분입니다. 우주의 근본실상이 둘이 아닌 하나의 차원에 마음을 두고 수행할 때 대승大乘이자 정도正道라고 하는 것이고, 그 외의 수행은 외도라고 합니다.

마명이란 분의 형은 대승의 수행을 하셨는데, 형이 경전 강의하는 것을 동생인 마명이 듣고 진심眞心을 일으킵니다. '일체가 불성이다'라고 하는 마음 도리를 형에게서 들은 마명이 크게 환희심을 얻고 부나야사 존자를 만나게 된 것입니다.

마명이 대승불교에 대해 이해를 하고 부나야사 존자를 만났지만, 아직 마명은 확실히 눈을 뜨지는 못한 상태입니다. 부처라고 했을 때 우주가 부처 아닌 게 없지 않습니까. 본래 근본 실상은 어떤 이름도 붙일 수 없지만 부득이 인격적으로 부처라고 한다면 그 자리에서 작용을 통해 나타나는 현상계도 부처 아닌 게 없습니다.

그러나 이 우주가 모두 하나의 마음에서 나왔지만, 진리에서 보았을 때는 '부처'라고 해도 그르치는 소리입니다. 근본 실상은 모양이 없고 어떤 이름이나 형상이 없는 자리이니, 말로나 문자로도 표현할 수 없습니다. 그것이 진리의 실상입니다.

어떤 표현을 할 수 없는 그 자리를 '체'라고 했습니다. '체'에서 작용을 통해 나타나는 현상계도 원래는 모양이 없는 데에서 나온 것입니다. 모양이 없는 곳에서 나온 현상계도 똑같은 하나이기 때문에 부처라고 부르는 것입니다.

"저는 부처에 관해서 알고 싶습니다"라는 질문을 보면 당시 마명 대사는 부처에 대해서 아직 이해를 못하고 있습니다. 진리에 대해서 눈을 뜨지 못한 상태인 것입니다.

"도대체 어떤 사람이 부처입니까?"

마명은 아직 부처를 육체를 지닌 사람으로만 알고 있습니다. '부처'라고 얘기했을 때는 사람뿐만 아니라 모든 것이 부처 아닌 게 없습니다. 겉모양만 보고 '저것이 어떻게 부처일까?' 하고 생각하시겠지만 고정된 것으로 보이는 만물은 파동, 즉 진동만 하고 있을 뿐 우리가 속고 있는 것입니다.

우리가 육안으로 본 것 들은 것은 사실 본 것도 들은 것도 아닙니다. 마음이 여섯 가지 기관을 통해서 업을 짓고 있는 것입니다. 본래는 좋고 나쁜 것도 없는데 마음이 눈을 통해 보면서 온갖 시시비비是是非非하는 생각을 일으키는 것입니다. 그러면서 우리는 바깥 경계에 끄달리며 온갖 업을 짓고 있습니다. 그러니 마음이 점점 탁해져 오염될 수밖에 없습니다.

"그대는 부처에 관해서 알고 싶다고 하였는데,
알지 못하는 것이 바로 부처이다."

진리의 실상은 모양이 없는, 어떤 표현도 할 수 없는 자리이기 때문에 진짜 부처를 알려면 알지 못하는 것이 부처라고 말씀하시는 겁니다. 만약 우리가 부처를 안다고 말한다면 그것은 부처를 안 게 아닙니다. 어떤 표현도 할 수 없는 자리에 대해 이러쿵저러쿵 말을 한다면 답이 될 수 없어요. 있다고 해도 맞지 않고 없다고 해도 맞지 않는 중도中道 실상이기 때문입니다. 따라서 누군가 "나는 깨달았다"라고 말을 한다면 깨달은 게 아닙니다. 깨달은 사람은 입을 뗄 수가 없어요. 그래서 부처님께서도 49년간 무수한 설법을 하시고도 "나는 한마디도 하지 않았다"고 말씀하신 것입니다.

"아직 부처가 뭔지 잘 모르는데
그것이 부처인 줄 어찌 알겠습니까?"

부처를 모르는 그놈이 부처입니다. 악惡이나 선善도 어디에서 나왔습니까? 바로 근본 마음에서 나온 것입니다. '번뇌煩惱가 곧 보리菩提'라는 말 들어보셨을 것입니다. 마음에 의해서 번뇌가 일어난 것이니 마음과 번뇌도 사실 하나예요. 번뇌라는 것은 미혹이고, 보리라고 하면 깨달음입니다. 일체의 표현이나 형상, 개념은 마음 아닌 곳에서 나온 것이 없어요. 선이나 악도 하나에서 나왔기 때문에 근본은 하나라고 말을 하는 것입니다.

"아직 부처에 대해 잘 모른다면서
부처가 아닌 줄은 어찌 아는가?"

이 말씀을 듣는 순간 마명 대사는 대승의 가르침이 위대하다는 것을 알고 하나의 도리를 확실히 깨닫게 됩니다. 후대에 마명 대사는 마명 보살로 불리게 됩니다. 보살이라 했을 때 두 가지의 뜻이 있는데, 하나의 도리를 깨닫고자 정진하는 분을 보살이라 부르고, 하나의 도리를 깨닫고 부처가 되기 위해 수행하는 분도 보살이라고 합니다. 하나의 도리를 돈오頓悟를 통해 확실히 깨닫고 행하는 분들을 보살이라고 부르는 것입니다. 보살행을 통해 투철하게 깨닫고 부처의 지위로 올라가는 것입니다. 부처는 덕과 지혜를 완벽히 구축한 분이라고 합니다. 덕이란 우주를 그대로 하나로 쓸 수 있는 능력을 말합니다.

마명 대사는 옛날에 비사리국의 임금이었습니다. 그런데 그 나라의 어떤 부류 사람들은 말처럼 벌거벗은 채로 지냈기에 대사가 신통력으로 누에로 변신해 그들이 옷을 입을 수 있게 했습니다. 마명 대사는 전생에 임금이었으며 신통력을 가지고 있던 분이십니다.

그 후에 중인도에 다시 태어났는데 말과 사람들이 모두 다 감격해서 구슬피 울었답니다. 그래서 태어났을 때 이름을 '말 마馬' 자에 '울 명鳴' 자를 써서 마명이라고 지었답니다.

미혹함과 깨달음은 숨음과 드러남과도 같나니

미혹함은 '숨음'이라고 표현을 하는데 아직 깨닫지 못한 것을 말합니다. 반대로 깨달음은 드러난 것이라고 말합니다. 하지만 미혹과 깨달음, 숨음과 드러남은 우리의 생각 차이일 뿐 똑같은 자리에서 나온 것입니다. 본래가 부처인데 부처를 알면 깨달은 것이고 모르면 미혹이라고 합니다.

빛과 어둠은 서로 떨어지지 않는 것이네

빛과 어둠 역시 하나의 마음에서 나왔으니까 떨어지지 않는 하나라고 말하고 있습니다. 우리가 보기에 밝음과 어둠은 분명히 다른 것으로 보이지만, 하루라는 시간의 차원에서 본다면 낮에는 밝고 밤에는 어두운 것이 둘이 아닌 것입니다.

이제야 숨음과 드러남의 법을 부촉하니

깨달은 것과 깨닫지 못한 이 도리를 확실히 제자인 마명에게 부촉한다는 말입니다. 중생이 성불해서 여래가 되었다고 해서, 중생의 본래 마음자리인 여래장如來藏이 다를 바가 없는 것입니다.

그것은 하나도 아니며 둘도 아닌 것이다

　미혹과 깨달음, 숨음과 드러남이라는 표현도 하나의 마
음에서 나온 것이니 '체'인 실상자리에서는 하나도 아니며
둘도 아닌 것이라고 거듭 말씀하십니다.

12 마명 존자

제12조 마명 존자에게 어느 날 어떤 외도가 찾아와서 토론을 하고자 하였다. 마명 존자는 국왕과 대신 그리고 사부대중을 토론장에 모두 모이게 하였다.

마명 존자가 말하였다.

"그대는 무엇으로 주장의 종지를 삼고 있는가?"

외도가 답하였다.

"어떤 말이든지 나는 모두 깨뜨릴 수 있소."

이에 마명 존자가 왕을 가리키면서 외도에게 말하였다.

"지금 온 나라가 태평할 뿐만 아니라 대왕도 장수하고
계시다. 그럼 그대가 이것을 깨뜨려 보라."

외도는 굴복하고 말았다.

■ 해설

제12조 마명 존자에게 어느 날 어떤 외도가 찾아와서 토
론을 하고자 하였습니다. 공개적인 논쟁을 통해 불교를 망
신시켜서 외도를 전파하기 위한 술책입니다. 마명 존자는
이러한 음모를 알지만 국왕과 대신을 비롯한 사부대중을
토론장에 모두 모이게 하였습니다. 마명 존자는 상대의 마
음까지도 읽을 수 있는 경지에 올라가 계셨던 분입니다. 상
대의 마음을 읽을 수 있는 타심통他心通까지 열려야 선지식
이라고 할 수가 있어요. 이런 분들은 근기가 수승하기 때문
에 어떤 질문에도 막힘이 없고, 법을 이을 분도 쉽게 찾을

수가 있습니다.

"그대는 무엇으로 주장의 종지를 삼고 있는가?"

마명 존자께서 외도에게 '당신이 믿고 있는 우주 근본실상의 뜻을 어디에 두고 행하는가?' 하고 묻는 내용입니다. 우주의 근본인 일심을 떠나서 하는 행위는 외도라고 말씀을 드렸습니다.

"어떤 말이든지 나는 모두 깨뜨릴 수 있소."

외도가 어떤 것이든 깨뜨릴 수 있다고 답을 합니다. 보이는 현상계에 끄달려 시시비비한다고 했을 때 반야 차원에서 비추어 본다면 사실이 아닙니다. 우리는 지혜 차원에서 어떤 것이든 깨뜨릴 수가 있습니다. 그러나 외도는 지혜 차원에서 답을 한 내용이 아닙니다.

이에 마명 존자가 왕을 가리키면서 외도에게 말했습니다.

"지금 온 나라가 태평할 뿐만 아니라 대왕도 장수하고 계시다. 그럼 그대가 이것을 깨뜨려 보라."

외도는 굴복하고 말았습니다.

왕이 나라를 잘 다스리고 장수하고 있는데, 이것을 깨뜨려 보라는 말을 깨뜨릴 수 있겠습니까? 잘못 말하면 목숨을 보전하기 어렵기 때문에 외도는 한마디도 못한 채 굴복하고 만 것입니다. 물론 이 질문도 반야 차원에서는 깨뜨릴 수가 있습니다. 반야에 비추어 보면 왕도 없고 태평성대라는 것도 없으니 가능한 이야기지만, 외도는 반야 차원에서 대답한 것이 아니었기 때문에 그 자리에서 항복하고 말았던 겁니다.

마명 존자가 법을 전하는 게송이 『직지』에는 나오지 않지만, 『전등록』에는 다음과 같이 기록되어 있습니다.

隱顯卽本法 은현즉본법
明暗元不二 명암원불이
今付悟了法 금부오료법
非取亦非難 비취역비난

법에는 숨김과 나타남

밝음과 어두움이 원래 둘이 아니로다
이제 네게 깨달은 법을 부촉하니
취하지도 역시 버리지도 말라.

이 법문은 부나야사 존자의 법문과 같은 내용을 담고 있습니다. 숨고 나타남, 밝음과 어둠이 둘이 아닌 진여자성은 취할 수도 버릴 수도 없음을 강조하고 있습니다. 마명 존자는 한 법도 정해진 바가 없어서 얻을 수도 버릴 수도 없는 진리를 뒤에 나오는 가비마라에게 전하고 있습니다.

13 가비마라 존자

제13조 가비마라 존자는 마명 존자로부터 가르침을 전
수받은 뒤 교화를 하다가 서인도에 이르렀다. 그 나라의 산
에서 북쪽으로 10리를 가면 큰 나무가 있는데 그늘이 500
마리의 용을 덮을 정도로 컸다. 그 나무왕의 이름은 용수龍

樹라 하였으며, 그는 항상 용의 무리를 위하여 설법을 해주고 있었다.

존자가 제자들과 함께 그곳으로 가자 용수가 나와 존자를 맞이하면서 이렇게 물었다.

"용과 뱀들이 사는 외롭고 적적한 이 깊은 산중에 덕 높고 존귀하신 분께서 어떻게 오셨습니까?"

가비마라 존자가 답하였다.

"나는 존귀한 사람이 아니오. 그저 현자를 만나러 왔을 뿐이오."

이에 용수가 속으로 생각하였다.

'이 존자는 결정된 성품을 얻어 도의 눈이 밝아지셨을까? 위대한 성인들의 참다운 법을 이어받으셨을까?'

그러자 가비마라 존자가 말하였다.

"그대가 마음속으로 생각해도 나는 이미 그대의 마음을 다 알고 있소. 그대는 출가할 결심이나 할 것이지, 어찌 내가 성인인지 아닌지를 염려하는가?"

용수가 이 말을 듣고 나서 뉘우치면서 사죄하자, 가비마라 존자는 곧 그를 출가시키고 500의 그의 무리들도 모두 구족계를 받았다.

그러고 나서 존자는 다시 용수에게 말하였다.

"이제 여래의 정법안장을 그대에게 부촉하노라."

그리고 게송으로 말하였다.

非隱非顯法 비은비현법

說是眞實際 설시진실제

悟此隱顯法 오차은현법

非愚亦非智 비우역비지

드러나지도 숨지도 않는 법을

진실제眞實際라 말하네

숨고 드러나는 법을 깨달으면

어리석음도 아니고 지혜도 아니네.

존자는 법을 부촉한 뒤에 신통 변화를 나타내고 화화삼매로 스스로 몸을 태웠다.

■ 해설

가비마라 존자가 용수에게 법을 전하는 내용인데, 용수
도 마명처럼 보살로 불리고 있습니다. 제13조 가비마라 존
자는 마명 존자로부터 가르침을 전수받은 뒤에 교화를 하
다 서인도에 이르렀습니다. 그 나라의 산에서 북쪽으로 10
리를 가면 큰 나무가 있는데 그늘이 500마리의 용을 덮을
정도로 컸습니다. 큰 나무는 바로 '용수'를 말하고 있습니
다. 500명을 이끄는 큰 재목이었음을 500마리의 용을 덮을
정도로 컸다고 표현하고 있습니다. 가비마라 존자는 용수
의 그릇됨을 미리 알고 찾아가게 된 것입니다.

"용과 뱀들이 사는 외롭고 적적한 이 깊은 산중에 덕 높
고 존귀하신 분께서 어떻게 오셨습니까?"

용은 용수 자신을 표현한 말이고, 뱀은 제자들을 상징한
말입니다.

가비마라 존자가 답했습니다.

"나는 존귀한 사람이 아니오. 그저 현자를 만나러 왔을
뿐이오."

마음의 세계에서 보면 높고 낮음이 없는 평등한 세계입

니다. 석가모니 부처님께서도 후에 제자들이 석가모니 부처님을 신격화하려고 하자, "나는 신이 아니다. 너희들도 수행을 통해 깨닫게 되면 똑같은 경지에 들게 되니, 나는 다만 먼저 깨달았을 뿐이고 너희들은 깨닫지 못한 차이만 있을 뿐 근본에서는 어떤 차이도 없다"라고 거절을 하십니다. 그리고 "내가 열반한 후 나와 같은 형상을 조성하지 말거라" 하고 부촉을 내렸던 것입니다. 가비마라 존자도 법을 전할 만한 그릇을 찾아가서 자기는 존귀한 사람이 아니라며, 제자 될 사람에게 오히려 존경을 표합니다.

이에 용수가 속으로 생각했습니다.

'이 존자는 결정된 성품을 얻어 도의 눈이 밝아지셨을까? 위대한 성인들의 참다운 법을 이어받으셨을까?'

그러자 가비마라 존자가 꾸짖습니다.

"그대가 마음속으로 생각해도 나는 이미 그대의 마음을 다 알고 있소. 그대는 출가할 결심이나 할 것이지, 어찌 내가 성인인지 아닌지를 염려하는가?"

용수가 마음속으로 의심을 하지만, 가비마라 존자는 이미 상대의 마음을 읽고 있습니다. 용수가 이 말을 듣고 놀

라 뉘우치면서 사죄하자, 가비마라 존자는 곧 그를 출가시
키고 500의 무리들도 모두 구족계를 받도록 했습니다.

그러고 나서 존자는 다시 용수에게 말하였습니다.

"이제 여래의 정법안장을 그대에게 부촉하노라."

용수의 그릇을 가비마라 존자는 알고 있었기에 용수가
아직 눈을 뜨지는 못했지만 법을 전하게 된 것입니다.

드러나지도 숨지도 않는 법을

진실제라 말하네

우주 근본 실상인 '체'의 차원에서는 물질이 아니니까,
드러날 수도 숨길 수도 없는 자리입니다. 그것이 진실한 법
이라고 말하고 있습니다.

숨고 드러나는 법을 깨달으면

어리석음도 아니고 지혜도 아니네

숨음은 깨닫지 못한 것, 드러남은 깨달음을 말합니다. 우
주의 근본실상, 하나의 마음 차원에 눈을 뜨게 되면 어떤
표현도 맞지 않기에, 어리석음도 지혜도 아니라고 말하고

있습니다. 실상 차원에서 표현한 부분입니다.

14 용수 존자

제14조 용수 존자는 가비마라 존자에게서 법을 얻은 뒤
에 남인도에 이르렀다. 그런데 그 나라 사람들은 대부분 복
업福業 짓는 교리만을 믿고 있었다. 그들은 용수 존자가 미
묘한 법을 설한다는 말을 듣고 서로 수군거렸다.

"사람이 복업 짓는 일이 세상에서 제일인데, 어찌하여 쓸데없이 불성을 말하는가? 어느 누가 그것을 볼 수 있단 말인가?"

그러자 용수 존자가 말하였다.

"그대가 불성을 보고 싶다면 먼저 아만을 없애야 할 것이오."

"불성은 큽니까, 작습니까?"

"크지도 작지도 않고 넓지도 좁지도 않으며, 복 짓는 일도 아니고 그 과보도 없고 죽거나 생겨나지도 않는 것이오."

그들은 뛰어나고도 미묘한 가르침을 듣고 나서 모두가 처음의 마음을 돌이키게 되었다. 다시 용수 존자가 법좌 위에서 보름달과 같은 자재로운 몸을 나타내자, 그 대중들은 용수 존자의 설법하는 음성만 들을 수 있었을 뿐, 존자의 모습은 볼 수 없었다. 그 대중 가운데 가나제바라는 어떤 장자의 아들이 대중에게 말하였다.

"이것은 바로 존자께서 불성의 본체를 형상으로 나타내셔서 우리에게 보이시는 것이오. 어떻게 그것을 알 수 있는가 하면 대체로 무상삼매無相三昧는 형체가 보름달과 같은 것인데, 그것은 불성의 이치가 확연히 비고 밝기 때문인 것이오."

가나제바의 말이 끝나자마자 용수 존자는 보름달과 같은 형상을 거두고 본래의 자리로 돌아와서 게송으로 말하였다.

身現月輪相 신현월륜상
以表諸佛體 이표제불체
說法無其形 설법무기형
用辨非聲色 용변비성색

몸으로 보름달을 나타낸 것은
모든 부처님의 본체를 표현한 것이요
법을 설할 때 그 형체가 없는 것은
소리와 형체가 없음을 밝힌 것이네.

제14조 용수 존자는 가비마라 존자에게서 법을 얻은 뒤에 남인도에 이르렀습니다. 그런데 그 나라 사람들은 대부분 복 짓는 교리만을 믿고 있었습니다. 이러한 신행 형태는 오늘날도 우리가 생각해 보아야 할 문제입니다. 오늘날 한국 불교가 얼마나 기복신앙에 의지하고 있는지는 불자 여러분들도 잘 아시리라 생각됩니다. 지금 서양에서는 기복신앙이 아닌 부처님의 정법, 수행법 위주로 불교신행이 이뤄지고 있다고 합니다. 그러나 불교 역사가 훨씬 깊은 우리는 여전히 기복 신앙에 치우쳐 있는 현실입니다.

불교는 복을 비는 종교가 아니고, 오히려 복을 올바로 지을 수 있는 길을 일러주신 가르침입니다. 초기경전인 아함 · 방등경의 내용을 보면 나오는데, 본뜻은 불자님들께서 잘 모르고 있는 것입니다. 우리가 봉사라는 보시행을 하고 있지만 올바로 알고 행하지 않기에 인과가 반드시 성립됨을 알아야 합니다. 부처님 말씀을 충분히 이해하고 행을 해야지 이해를 못한다면 대부분 기복의 신앙으로 가게 됩니다. 용수 존자께서 남인도에 이르렀을 때에도 대부분 교리만을 의지해서 복을 짓는 것이 불교라고 알았던 것입니다.

불심천자佛心天子라고 알려진 중국의 양나라 무제는 문무백관을 상대로 곤룡포에 가사를 두르고『금강경』을 강의하셨던 분입니다. 그때 당시 중국 대륙에 불교가 들어왔지만 진짜 불교는 아니었어요. 『금강경』은 부처님께서 말씀하고자 하는 실상을 드러낸 경인데, 양 무제는 금강경 강의를 하면서도 참뜻은 몰랐던 것입니다.

『금강경』에 보면 부처님께서는 무주상無住相(상에 머무는 바 없는) 보시에 대해서 강조를 많이 하십니다. 우주의 근본실상인 '체'의 차원에서 우리가 하는 보시에 대해서 말씀하시는 부분입니다. 무언가를 베푼다고 할 때 근본실상에 마음을 두고 행한다면 따로 대상이 있을 수 없어요. 우주는 무한대로 펼쳐져 있어서 없습니다. 우리가 우주를 상대로 복을 행한다면 그 복이 무한대로 끝이 없다는 말입니다.

양 무제는 팔만사천 개의 탑을 세우고, 절도 많이 짓고, 스님들도 많이 양성을 하고 공양을 많이 올린 것에 대해서 스스로 복을 많이 지었다고 자부심을 가졌지만, 달마 스님께서는 아무 공덕이 없다고 말씀하셨습니다. 달마 스님께서 진리의 실상인 '체'의 차원에서는 얻을 것도 잃을 것도 없다고 말씀하신 것인데, 양 무제는 알아듣지 못하고 성내는 마음을 일으켜 오히려 달마 스님을 해치고자 했습니다. 그 과보인지, 나중에 양 무제도 신하에 의해서 죽임을 당하게 됩니다.

우리는 어떻게 해야 부처님이 말씀하신 참다운 보시바라밀행이 될 것인지 생각을 해보셔야 됩니다. 우주를 그대로 하나로 보고 보시를 행한다면 그 복은 부처님이 보이신 덕과 지혜를 완벽하게 갖춘 덕이 된다는 의미입니다. 그러나 사람들은 여전히 깨달음보다는 복 짓는 일에 집착을 하며 이렇게 말들을 합니다.

"사람이 복업 짓는 일이 세상에서 제일인데, 어찌하여 쓸데없이 불성을 말하는가? 어느 누가 그것을 볼 수 있단 말인가?"

여기서 불성이라고 할 때 견성이라는 용어를 쓰는데 '볼 견見', '성품 성性' 자를 써서 '견성성불見性成佛', 즉 성품을 보는 것을 성불이라고 말을 합니다. 그러나 성품을 보아도 업이 아직 남아 있기 때문에 성품을 보는 것을 곧바로 성불이라고 할 수 없어요.

용수 존자가 실상에서 마음을 보는 것이 성불이라고 설한다고 하니, 교리만을 공부했던 분들이 '어느 누가 불성을 볼 수 있단 말인가?'라고 되묻고 있습니다.

그러자 용수 존자가 말했습니다.

"그대가 불성을 보고 싶다면 먼저 아만을 없애야 할 것이오."

아만이란 내가 많이 배우고 많이 알고 있다는 생각을 갖는 것을 말하는데 사실 근본실상 차원에서는 내가 아는 지식은 아무 것도 없는 거예요. 반야 차원, 물질이 아닌 세계에서 비추어 보면 우리가 지금 알고 있는 지식은 오히려 수행하는 데 장애가 됩니다. 선가에서는 진짜 불교 공부를 하기 위해서는 사교입선捨敎入禪을 강조합니다. 교를 버리고 선으로 바로 들어가라는 뜻입니다. 이것이 진짜 공부라는 말입니다.

오늘날과 같이 예전에도 선禪과 교敎는 서로 충돌이 있었어요. 선을 닦는 분들은 교학을 공부하시는 분들에게 교는 휴지와 같은 것이라고 비유를 하고, 교를 하시는 분들은 선을 하시는 분들에게 무식한 사람들이라고 했습니다. 그러나 부처님께서는 먼저 선禪의 차원에서 교敎를 말씀하셨던 것입니다.

훗날 반야부에 와서는 진리에 대해 어떤 표현을 해도 이미 답이 틀린 것이 됩니다. 반야부 후반부에서는 부처님께서 "내가 만약 법을 설했다고 하면 너희들이 나를 비방하는 것과 다르지 않다"고까지 말씀하십니다. 진리의 실상은 교리나 말로는 표현할 수 없는 자리이기 때문에 그렇게 강조하셨던 것입니다. 선을 먼저 깨닫고 경을 보면 걸림이 없고 막힘이 없게 됩니다. 반면, 교를 통해 선을 알려고 하면 오히려 잘 안 되는 것입니다.

"불성은 큽니까, 작습니까?"

언어로 표현할 수 없는 근본실상의 자리를 불성이라고 하는데, 그 자리에 대해서 이해를 하지 못하는 분이니까 '큽니까, 작습니까?' 하고 엉뚱한 질문을 하는 것입니다.

"크지도 작지도 않고 넓지도 좁지도 않으며, 복 짓는 일도 아니고 그 과보도 없고 죽거나 생겨나지도 않는 것이오."

우주의 근본실상인 성품자리, 즉 본래 마음을 설명하는 법문입니다. 마음은 모양이 없으니까 크거나 작다고 할 수도 없고, 넓거나 좁지도 않으며, 복 짓는 일이나 과보도 없습니다. 과보라는 것은 어떤 행위에 대해서 내가 잘했다 잘못했다 생각을 해서 인과가 성립이 됩니다.

그러나 우리의 불성은 있는 그대로입니다. 영롱한 구슬이 때가 끼면 볼 수 없지만 때만 벗겨내면 다시 영롱한 구슬을 볼 수 있듯이 우리의 불성도 어떤 행위를 하든, 어떤 업을 짓든 전혀 인과가 따르지 않습니다. 본래의 마음으로 되어 있으니까 항상 그 자리인 것입니다. 예를 들어, 『반야심경』을 읽을 때도 하나의 마음, 일심으로 보면 가슴에 와 닿게 되어 있어요. 『반야심경』에서는 성품은 물질이 아니니까 죽거나 생겨나지도 않는다고 설하고 있습니다. 불교에서는 단멸斷滅이라는 말은 쓰지 않습니다. 어떤 물질이라도 없어지는 것이 아니고 다른 모습으로 바뀌어 갈 뿐이기 때문입니다.

그들은 뛰어나고도 미묘한 가르침을 듣고 나서

모두가 처음의 마음을 돌이키게 되었다.

교리만을 공부했던 분들이 깨닫고자 하는 발심發心을 비로소 일으켰다는 말입니다. 불생불멸의 깨달음을 얻고자 초발심을 일으켰다는 뜻입니다.

용수 존자가 법좌 위에서 보름달과 같은 자재로운 몸을 나타내자, 그 대중들은 용수 존자의 설법하는 음성만 들을 수 있었을 뿐, 존자의 모습은 볼 수 없었다.

용수 존자의 모습을 보면 일원상의 달 모양으로 광명체가 났는데 이 경지를 월륜삼매月輪三昧라고 합니다. 이 모습을 보고 그 대중 가운데 가나제바라는 어떤 장자의 아들이 대중들에게 설명했습니다.

"이것은 바로 존자께서 불성의 본체를 형상으로 나타내셔서 우리에게 보이시는 것이오."

불성의 '체'를 일원상一圓相으로 보였다는 말입니다. 언어로 표현할 수 없지만 중생들에게 이해를 시키기 위해서 자기의 모습을 보이지 않고 부득이 일원상으로 보였던 것입니다. 불성의 본체를 상징적인 형상으로 나타냈다는 의미입니다.

대체로 무상삼매는 형체가 보름달과 같은 것인데

무상삼매無相三昧란 성질이 다른 물질이 서로 만나 모양으로 나타난 형상이 사실은 모양이 아니라는 뜻입니다. 본래가 모양이 아니니까 인연에 따라 나타나는 것도 모양이 아닌 것입니다. 무상이라는 것은 항상 그대로 있지 않고 시시각각 변하는 존재를 말합니다. 물질이라는 것은 우리가 느끼지 못할 뿐이지 원자 차원에서 보면 1초에 99억 번 진동을 하고 있다고 합니다. 너무나 빠르게 진동을 하니까 모양이 있는 것처럼 느낄 뿐이지 사실은 환상인 것입니다. 그러나 마음에서 본다면 이것조차 느낄 수 있는 부분입니다.

용수 보살은 본래 모양이 없는 것을 부득이 보름달과 같이 일원상으로 표현한 것입니다. 가나제바는 "그것은 불성의 이치가 확연히 비고 밝기 때문인 것이오"라고 설명하고 있습니다. 가나제바의 말이 끝나자마자 용수 존자는 보름달과 같은 형상을 거두고 본래의 자리로 돌아와서 게송으로 말했습니다.

  몸으로 보름달을 나타낸 것은
  모든 부처님의 본체를 표현한 것이요
  실상을 표현한 용수 보살께서 다시 본래로 돌아와 게송
으로 표현한 부분입니다. 진여자성, 본래성품은 표현할 수
없는 것이기에 부득이 일원상으로 실상을 상징화해서 드러
낸 것입니다.

  법을 설할 때 그 형체가 없는 것은
  소리와 형체가 없음을 밝힌 것이네
  이 게송은 우주의 근본실상, 언어로 표현할 수 없는 자리
를 법이라고 하니까, 본래 형체가 없음을 밝혔다는 말씀입
니다.

  그 대중들은 이 게송을 듣고는 무생법인無生法忍을 단박
에 깨달아서 모두 출가하여 해탈을 얻고자 하였다. 이에 용
수 존자는 그들을 출가시켜 구족계를 주니 모두 다 삼보에

귀의하게 하였다. 그리고 난 후에 용수 존자는 가나제바에게 말하였다.

"여래의 미묘한 법을 이제 그대에게 부촉하려 하니, 나의 게송을 들어라."

그러고 나서 게송으로 말하였다.

爲明隱顯法 위명은현법

方設解脫理 방설해탈리

於法心不證 어법심불증

無嗔亦無喜 무진역무희

숨고 드러나는 법을 밝히기 위해
비로소 해탈의 이치를 말하였네
법에서 마음이 깨닫지 못하면
성냄도 없고 기쁨도 없도다.

용수 존자는 가나제바에게 법을 부촉한 뒤에 월륜삼매에 들어 고요히 선적하였다.

■ 해설

대중이 게송을 듣고 무생법인無生法忍을 단박에 깨달았다는 것은 '본래는 태어나고 죽음도 없다는 불생불멸의 도리를 깨달았다' 는 말입니다.

이에 용수 존자는 그들을 출가시켜 구족계를 주고 난 후 가나제바에게 말했습니다.

"여래의 미묘한 법을 이제 그대에게 부촉하려 하니, 나의 게송을 들어라."

인도의 조사스님들이 법을 전하는 과정을 보면 출가하여 수행하는 분에게 법을 이어주는 경우보다 일반 재가자들에게 법을 이어주는 경우가 많아요. 전생에 근기가 수승하고 공부가 많이 된 분들은 출가하지 않고 세간에 살지만 인연이 오면 바로 법을 이어받게 된다고 합니다.

숨고 드러나는 법을 밝히기 위해

숨는다는 것은 미혹을, 드러나는 것은 깨달음을 말합니다. 깨닫지 못한 것과 깨달음은 종이 한 장 차이예요. 눈을 뜨고 보면 마음으로 되어 있으니까, 더 이상 제도할 대상이 없어진 것입니다.

비로소 해탈의 이치를 말하였네
미혹만 벗어나면 그대로 해탈한다는 말입니다.

법에서 마음이 깨닫지 못하면 성냄도 없고 기쁨도 없도다
이 부분이 이해가 잘 안 되는 법문입니다. 만약 깨닫게
되면 성냄도 기쁨도 없어집니다. 마음에서 드러난 생사가
없는 도리를 깨달았다면 성냄도 기쁨도 사라지지만 깨닫지
못했는데 성냄도 없고 기쁨도 없다고 하는 것은 이해가 안
가는 부분입니다.

일상생활에서도 우리가 어떤 일에 푹 빠지면 시간이라는
개념을 잊게 됩니다. 대상과 하나가 된 상황에서는 시간이
정말 빨리 흐른다고 느껴집니다. 이때는 기쁨이라는 생각
도 끊어지게 됩니다. 이 부분은 '마음이 깨닫게 되면 성냄
도 기쁨도 없다'라고 이해하시면 되겠습니다.

용수 존자는 가나제바에게 법을 부촉한 뒤 그대로 좌선
상태에서 일원상으로 빛만 남겨놓고 열반에 들었습니다.

15 가나제바 존자

용수 대사는 가나제바가 오는 것을 보고 먼저 시자를 시켜 발우에 물을 떠다가 가나제바 앞에 놓아두게 하였다. 가나제바가 바늘 하나를 발우 속에 던져 넣자 용수 존자는 말하였다.

"정定의 물이 맑고 깨끗하니 이는 나의 덕을 나타내는데, 그대가 와서 바늘을 던지는 것은 그 바닥까지 철저히 알고자 함이로다."

그 후 가나제바 존자는 용수 존자로부터 법을 얻은 뒤에 비라국으로 갔다.

그 나라에는 범마정덕이라는 장자가 있었다. 어느 날 장자의 정원 나무에 버섯같이 생긴 큰 귀가 생겼다. 그것은 아주 맛이 좋았는데, 오직 장자와 둘째 아들인 나후라다만 따다 먹었다. 그런데 그것은 따 가면 이내 자라나고 다 잘라내어도 곧 다시 자라났지만 다른 식구들은 아무도 보지 못하였다.

이때 가나제바 존자는 지난 세상부터 쌓아온 인연이 무르익었음을 알고 그 집을 찾아갔다. 장자가 그 식물에 관해 묻자 존자는 말하였다.

"그대의 집안이 예전에 어떤 비구를 공양하였소. 그런데 그 비구는 깨달음의 눈이 열리지도 않았으면서 믿음으로 올린 보시물을 함부로 누렸기 때문에 그 과보로 버섯으로 태어난 것이오. 오직 그대와 그대의 아들만이 그 비구에게 정성껏 공양을 하였으므로 두 사람만 버섯을 먹을 수가 있으며, 다른 가족들은 그러지 못하는 것이오."

가나제바 존자가 물었다.

"장자는 올해 몇이시오?"

장자가 대답하였다.

"79세입니다."

존자가 게송으로 말하였다.

진리의 세계에 들어와서도 깨닫지 못했으니

몸을 바꾸어서 그 시주물을 갚아야 하네

그대가 여든 한 살이 되면

나무에는 더 이상 버섯이 나지 않으리라.

장자는 게송을 듣고 나서 깊이 탄복하며 다시 존자에게 말하였다.

"저는 이제 늙어서 스님을 모실 수 없습니다. 저의 둘째 아들을 맡기니 스님을 따라 출가하게 해 주십시오."

가나제바 존자가 답하였다.

"옛날 여래께서 그대의 둘째 아들을 '두 번째 500년에 큰 교주가 될 것'이라고 예언하셨는데 이제 만나게 되었으니, 이것이 바로 전생의 인연과 부합되는 것이 아니겠소."

그러고 나서 바로 둘째 아들을 출가시키고 구족계를 준 뒤에 게송으로 말하였다.

本對傳法人 본대전법인
爲說解脫理 위설해탈리
於法實無證 어법실무증
無終亦無始 무종역무시

본래부터 법을 전할 사람에게
해탈의 이치를 말해주게 되었네
법에는 실제로 증득할 것이 없으니
끝도 없고 시작도 없어라.

존자는 게송을 마친 뒤에 적멸에 들었다.

이 부분은 수행을 잘못하면 과보를 피할 수 없다는 내용입니다. 용수 대사는 가나제바가 오는 것을 보고 먼저 시자를 시켜 발우에 물을 떠다가 가나제바 앞에 놓아두게 하였습니다. 용수 존자가 가나제바의 근기를 알았지만 눈으로 확인하기 위해서 시자를 시켜 물을 한 그릇 떠다 놓으라고 한 것입니다. 그러자 가나제바는 용수 존자의 뜻을 곧바로 알고 바늘을 하나 던졌다고 합니다.

이것이 바로 말없이 주고 받는 선문답의 전형입니다. 선정의 물이 맑고 깨끗함은 용수 보살의 청정한 불심을 상징하는 것입니다. 마음이 물처럼 맑고 깨끗한 용수 보살의 깨달음 세계를 가늠하고자 가나제바가 바늘을 던졌다는 것을 용수 존자가 풀이하고 있는 내용입니다.

그 후 가나제바 존자는 용수 존자로부터 법을 얻은 뒤에 비라국으로 갔습니다. 그 나라에는 범마정덕이라는 장자가 있었는데, 어느 날 장자 집 정원의 나무에 버섯같이 생긴 큰 귀가 생겼습니다. 그것은 아주 맛이 좋았는데, 오직 장자와 둘째 아들인 나후라만 따다 먹었답니다. 그런데 그것은 따 가면 이내 자라나고 다 잘라내어도 곧 다시 자라났지만 다른 식구들은 아무도 보지 못하였습니다. 산삼도 발밑에 두고도 보지 못하는 사람은 못 본다고 합니다. 인연이 닿아야 자기 것이 된다는 말입니다. 이와 마찬가지로 정원에 있는 나무에 사람 귀처럼 큰 버섯이 생겼지만 다른 가족들은 보지를 못했답니다.

이때 가나제바 존자는 지난 세상부터 쌓아온 인연이 무르익었음을 알고 그 집을 찾아갔습니다. 장자가 그 식물에 관해 묻자 존자가 과거 생의 일을 확연하게 보는 숙명통宿命通을 통해 전생의 인연을 말하였습니다.

"그대의 집안이 예전에 어떤 비구를 공양하였소. 그런데 그 비구는 깨달음의 눈이 열리지도 않았으면서 믿음으로 올린 보시물을 함부로 누렸기 때문에 그 과보로 버섯으로 태어난 것이오. 오직 그대와 그대의 아들만이 그 비구에게 정성껏 공양을 하였으므로 두 사람만 버섯을 먹을 수가 있으며, 다른 가족들은 그러지 못하는 것이오."

보시한 분만 그 버섯을 따먹을 수 있다는 말입니다. 한 치의 오차도 없는 인과를 설하고 있습니다. 존자가 게송으로 말합니다.

"진리의 세계에 들어와서도 깨닫지 못했으니 몸을 바꾸어서 그 시주물을 갚아야 하네. 그대가 여든 한 살이 되면 나무에는 더 이상 버섯이 나지 않으리라."

가나제바 존자가 전생의 비구에 대해서 말하는 내용입니다. 이 비구가 전생에 시주물을 받았으니 어떻게든 갚아야 한다는 얘깁니다. 불자님들도 마찬가지로 남에게 도움을 받았다면 언젠가는 갚겠다는 생각으로 사셔야 됩니다. 여든 한 살이 되면 인연이 다 되었기 때문에 더 이상 버섯이 나지 않는다는 설명입니다.

장자는 게송을 듣고 나서 깊이 탄복하며 가나제바 존자에게 둘째 아들을 맡겨 존자를 따라 출가하도록 합니다. 가나제바 존자는 둘째 아들 나후라다가 '두 번째 500년 시기에 큰 교주가 될 것'이라고 부처님께서 이미 예언을 하신 분이라는 이야기를 해줍니다.

본래부터 법을 전할 사람에게
해탈의 이치를 말해주게 되었네

부처님께 법을 이어받으신 분들은 전생의 일을 다 볼 수 있는 능력을 갖추었던 분들입니다. 그러니까 법을 이어받을 분들을 만나기도 전에 모두 알고 있다는 말입니다. 그래서 법을 전할 그 사람에게 법을 전했다고 하는 것입니다.

법에는 실제로 증득할 것이 없으니
끝도 없고 시작도 없어라

법은 물질이 아니니까 얻는 게 아니라고 했습니다. 불교를 믿는 것은 나의 본래자리로 돌아가겠다는 의지입니다. 나의 참다운 자리로 돌아가는 것이 불교의 궁극적인 목적이기 때문에 무얼 새롭게 얻는 게 아닙니다. 우리가 본래 부처여서 부처 자리로 돌아가는 것이 목적이니까 없던 것을 새롭게 증득하는 것이 아니라는 말입니다. 둘이 아닌 하나의 자리로 돌아가면 거기에는 모양이 없으니까, 시작과 끝도 없는 경지로 돌아간다고 말하는 것입니다.

16 나후라다 존자

제16조 나후라다 존자는 승가난제를 출가시키고 구족계를 준 뒤 정법안장을 부촉하면서 게송으로 말하였다.

於法實無證 어법실무증

不取亦不離 불취역불리

法非有無相 법비유무상

內外云何起 내외운하기

법은 실제로 증득할 것이 없으니

취하거나 떠날 것도 없다

법은 상이 있거나 없는 것이 아니니

안이니 밖이니 하는 말이 어찌 일어나리.

　나후라다 존자는 승가난제에게 법을 부촉한 뒤에 편안
히 앉아 적멸에 들었다.

■ 해설

　나후라다 존자의 생멸 연도는 정확하게 알려져 있지는
않습니다. 가나제바 존자에게 법을 받고 승가난제에게 법
을 전하는 내용만 기록이 되어 있습니다.

　법은 실제로 증득할 것이 없으니

취하거나 떠날 것도 없다

진여당체인 우주의 근본실상인 '체'의 입장에서 법이라고 했을 때 실상자리는 물질이 아니기에 증득할 것이 없다고 이야기합니다. 그리고 고정된 형상이 아니니까 얻거나 잃을 것이 없다는 말입니다.

법은 상相이 있거나 없는 것이 아니니
안이니 밖이니 하는 말이 어찌 일어나리

중도에서 말씀하시는 부분인데, 모양이 없는 실상자리는 상이 있다거나 없다고 답을 하면 그르칩니다. 우주의 근본실상인 '체'에서는 그 어떤 표현도 정확한 묘사가 불가하기 때문입니다. '체'는 근본 마음자리를 얘기하는 것인데 우주를 그대로 하나의 마음으로 본다면 안과 밖이 없음을 밝히고 있습니다. 불자님들이 안과 밖이 없는 이 도리를 안다면 만나기 어려운 법을 만난 것입니다. 예로부터 이 법 만나기가 그렇게 어려워서 백천만겁난조우百千萬劫難遭遇(백천만 겁이 지나도 만나기 어렵네)라고 말을 하는 것입니다. 이 법을 깨닫기 위해서 스님들이 하안거, 동안거를 통해 정진을 하는 거예요. 그러니 불자님들도 불교를 믿는다고 하면 깨달음을 목적으로 두고 정진을 해야 합니다.

　나후라다 존자는 승가난제에게 법을 부촉한 뒤에 편안히 앉아 적멸에 들었습니다.

17 승가난제 존자

제17조 승가난제 존자가 바람에 쇠방울이 우는 소리를
듣고서 동자에게 물었다.

"방울이 우는 것인가, 바람이 우는 것인가?"

동자는 답하였다.

"바람이 우는 것도, 방울이 우는 것도 아닙니다. 그저 제 마음이 울고 있을 뿐입니다."

"바람이 우는 것도, 방울이 우는 것도 아니라면, 마음은 또 무엇이냐?"

"모든 것이 다 고요한 때문이지, 삼매의 경지는 아닙니다."

"참으로 기특하구나. 나의 도를 이어갈 사람이 그대가 아니고 누구이겠는가?"

존자는 곧 동자에게 법을 부촉한 뒤에 게송으로 말하였다.

心法本無生 심법본무생

因地從緣起 인지종연기

緣種不相妨 종연불상방

華果亦復爾 화과역부이

마음자리에는 본래 생함이 없으나

인因의 자리는 연緣에서 일어나네

연과 씨앗因은 서로 방해하지 않고

꽃과 열매 또한 그러하네.

존자는 동자에게 법을 부촉한 뒤에 오른손으로 나뭇가지를 잡은 채 조용히 열반에 들었다.

■ 해설

『화엄경』에 선재동자라는 분이 나오는데, 100세가 넘은 분이라고 합니다. 동자라는 표현은 마음이 맑고 순수하기 때문에 동자라고 한 것이지 나이가 어려서 쓴 것은 아닙니다. 그러나 여기에서 동자는 나이가 어린 분을 말하고 있습니다.

제17조 승가난제 존자가 바람에 쇠방울이 우는 소리를 듣고서 동자에게 물었습니다.

"방울이 우는 것인가, 바람이 우는 것인가?"

동자가 밖에서 요령을 흔들고 있었는데, 승가난제 존자가 듣고서 동자에게 '방울이 우는 것인가, 바람이 우는 것인가?' 하고 묻고 있습니다. 이것이 바로 선문답입니다.

동자가 답했습니다.

"바람이 우는 것도, 방울이 우는 것도 아닙니다. 그저 제 마음이 울고 있을 뿐입니다."

본래 실상자리에서는 바람이 우는 것도 방울이 우는 것도 아닙니다. 그러나 '용'의 차원에서 묻고 있기 때문에, 그저 제 마음이 울고 있을 뿐이라고 동자가 답을 했습니다. 마음이라고 해도 맞지 않지만 바람이나 방울이나 하나이니까 마음이라고 한 것입니다. '체'의 입장에서는 맞지 않지만 '용'에서 물었기 때문에 '용'으로 대답을 했다고 보시면 됩니다. 동자의 대답을 살펴보면 대단한 근기를 가진 분임을 알 수 있습니다.

승가난제 존자가 동자에게 다시 묻습니다.

"바람이 우는 것도, 방울이 우는 것도 아니라면, 마음은 또 무엇이냐?"

바람, 방울, 마음을 하나로 보았다면 그 마음은 또 무엇이냐? 이 질문은 실상인 '체'의 차원에서 마음을 묻고 있습니다.

"모든 것이 다 고요한 때문이지, 삼매의 경지는 아닙니다."

모두 마음으로 보았지만 삼매의 경지는 아니라는 말입니

다. 삼매의 경지는 우주를 그대로 하나로 쓸 수 있고 실제로 하나가 되었을 때를 말합니다. 즉 '체'에서 하나가 되었을 때 삼매라고 말을 할 수 있습니다. 고요함은 일체가 하나의 마음으로 되어 있다는 '체'의 입장에서 말씀하시는 부분입니다.

"참으로 기특하구나. 나의 도를 이어갈 사람이 그대가 아니고 누구이겠는가?"

선문답을 통해 이심전심으로 깨달음의 경지에 마음이 통한 후, 승가난제 존자가 동자에게 법을 전해주며 부촉을 내리는 말입니다.

마음자리에는 본래 생함이 없으나

인因의 자리는 연緣에서 일어나네

본래 실상자리에서는 오고 감도 끊어졌고, 생사도 없고, 좋고 나쁜 것도 끊어졌지만 뿌려놓은 씨앗은 언젠가 연을 만나면 싹이 올라오게끔 되어 있습니다. 현상계에서는 인과가 반드시 나타나기 때문입니다. 금생에 행한 것을 금생에 받기도 하고 몇 생 후에 가서도 받게끔 되어 있습니다.

남을 속였다고 해도 자신은 알고 있으니까 바로 씨앗이 되는 것입니다. 한 생각 일으켜 놓은 것은 반드시 그것에 상응하는 인연이 돌아오게 되어있습니다.

연과 씨앗因은 서로 방해하지 않고
꽃과 열매 또한 그러하네

뿌려놓은 것은 언젠가는 만나게 되는데, 그 누구도 막을 수 없다는 말입니다. 연꽃이 부처님을 상징하는 이유는 부처님의 경지에 올라가면 둘이 아닌 하나이니까, 꽃과 열매가 동시에 피어나는 연꽃에 비유를 하는 것입니다. 꽃과 열매를 하나로 보는 것입니다. 부처님 경지에서 말씀하고 있는 법문입니다.

꽃과 열매가 그러하다는 것은 인은 연이 닿게 되면 반드시 과보가 돌아온다는 말입니다. 어린 동자이지만 법을 받을 만한 그릇이 되어 있다는 말입니다. 스승이 제자에게 법을 전하는데, 이심전심이 된다면 그 누구라도 법을 받을 수 있습니다. 동자라고 해도 전생에 수행을 많이 해서 그릇이 되어 있다면 이심전심이 통해서 법을 전할 수가 있습니다.

승가난제 존자는 동자에게 법을 부촉한 뒤에 오른손으로 나뭇가지를 잡은 채 조용히 열반에 들었습니다.

18 가야사다 존자

　제18조 가야사다 존자는 거울을 가지고 놀러 나갔다가 승가난제 존자를 만나 제도를 받았다. 그 뒤에 교화하러 다니다가 대월지국에 이르렀다. 마침 그 나라의 한 바라문 집에 상서로운 기운이 감도는 것을 보고 가야사다 존자는 그 집으

로 들어가려고 하였다.

집 주인인 구마라다가 물었다.

"무엇을 하는 사람들이오?"

"부처님의 제자들이오."

그는 부처님이란 이름을 듣는 순간 정신이 아찔해져서 즉시 문을 닫았다.

잠시 뒤에 가야사다 존자가 몸소 그 문을 두드리니 구마라다가 말하였다.

"이 집에는 아무도 없습니다."

가야사다 존자가 물었다.

"그렇다면 아무도 없다고 대답한 사람은 누구요?"

구마라다는 이 말을 듣는 순간 범상치 않게 느껴져서 곧바로 문을 열고서 존자를 맞아들였다. 이에 존자가 말하였다.

"옛날 세존께서 '내가 열반에 든 지 천년 후에 월지국에서 어떤 보살이 출현하여 법을 이어나가 세상을 크게 교화할 것이다'라고 예언하셨는데, 이제 그대가 이토록 좋은 운을 만나게 되었도다."

이에 구마라다는 숙명지宿命智를 일으켜 존자에게 자신

을 맡겨 출가하여 구족계를 받았다. 존자는 그에게 법을 부촉한 뒤에 게송으로 말하였다.

有種有心地 유종유심지
因緣能發萌 인연능발맹
於緣不相碍 어연불상애
當生生不生 당생생불생

씨앗도 있고 마음의 땅도 있으니
인연에 의하여 싹은 돋아날 수 있네
뭇 인연이 서로 장애 되지 않으리니
생겨날 때는 생겨나지만 생겨난 것 아니네.

가야사다 존자는 구마라다에게 법을 부촉한 뒤에 허공으로 솟아올라 화화삼매에 들어 스스로 몸을 태웠다.

■ 해설

가야사다 존자의 가르침에서 가장 중요한 부분은 제자에

게 진리를 표현한 게송 부분입니다.

가야사다 존자는 거울을 가지고 놀러 나갔다가 승가난제 존자를 만나 제도를 받았고, 그 뒤에 교화하러 다니다가 대월지국에 이르렀습니다. 때마침 그 나라의 한 바라문 집에 상서로운 기운이 감도는 것을 보고 존자는 그 집으로 들어가려고 하였습니다.

바라문족은 인도의 범천梵天을 모시고 재를 주관하는, 오늘날 신부님과 비슷한 여건을 가졌던 사제들입니다. 바라문족은 인도의 사성계급 가운데 범천의 입을 통해서 태어난 분이라고 주장을 합니다. 이 바라문족의 집안은 불교를 믿는 가문은 아니었지만 상서로운 기운이 감돌았다는 것입니다.

상서로운 기운은 중생의 육안으로는 볼 수 없습니다. 우리가 염불을 할 때도 눈, 귀, 코, 혀, 몸의 다섯 기관에서 금빛이 발한다고 합니다. 수행을 많이 해서 몸속의 세포까지 정화를 시켜 세포가 맑은 기운으로 바뀌면 밝은 빛으로 드러나 자비의 빛이 드러나게 됩니다.

가야사다가 찾아간 집의 주인이었던 구마라다는 부처님

의 제자들이란 소리를 듣고 자기가 믿는 신이 아니니까, 문을 닫았던 것입니다. 바라문족인 구마라다는 범천을 모셨던 외도外道였기 때문입니다. 외도라는 용어는 불교에서 나온 말인데 불교의 입장에서 볼 때 범천이라는 신은 외도의 신입니다.

육안의 눈이 아닌 마음자리에서 보면 우주는 그대로 하나의 마음으로 되어 있습니다. 그 마음을 인격적으로 부처님이라고 하는데, 만약 어떠한 대상을 두고 빈다면 근본 마음자리에서 보았을 때는 잘못된 것입니다. 불교에서는 마음 밖에서 무엇을 얻고자 대상을 향해 비는 것은 모두 외도라고 합니다. 그러니 불교를 이해하지 못하는 바라문의 입장에서 보았을 때 불교를 사도邪道라고 보았겠지요. 그래서 구마라다는 부처님의 제자라는 소리를 듣고 정신이 아찔해져서 즉시 문을 닫았던 것입니다.

잠시 뒤에 가야사다 존자가 몸소 그 문을 두드리니 구마라다가 말하였습니다.

"이 집에는 아무도 없습니다."

가야사다 존자가 물었습니다.

"그렇다면 아무도 없다고 대답한 사람은 누구요?"

구마라다는 이 말을 듣는 순간 범상치 않게 느껴져 곧바로 문을 열고서 존자를 맞아들였습니다. 구마라다가 전생의 잠재의식으로 인해 가야사다 존자를 받아들이고 문을 열었던 것입니다. 불자님들도 마찬가지로 처음 만난 사람이지만 가깝게 와닿는 사람이 있을 것입니다. 바로 과거 생에 인연이 있었던 분들입니다. 이렇듯 인연이라는 것은 소중한 것이니, 더욱 소중하게 만들어 가야 됩니다. 악연을 짓게 되면 언젠가는 반드시 악연으로 돌아오게 됩니다.

바라문족인 구마라다는 범천을 신봉하는 분이었지만, 가야사다 존자가 전생을 보니 전생에는 당신과 인연이 깊었던 사람입니다. 이미 석가모니 부처님께서 천년 후에 월지국에서 대보살이 출현할 것이라는 예언을 하신 것입니다. 이는 불교를 신앙한다면 불교와 계속 인연이 될 것이라고 생각하지만 그렇지 않을 수 있다는 예이기도 합니다.

『직지』를 공부하는 입장에서 보면 생사가 없는 도리를 이론적으로는 알고 있지만 현실에서는 분명 죽음에 대한 두려움이 있습니다. '하나'의 도리를 알지만 그 도리를 자

재하게 쓰지 못하고 있다는 말입니다. 그 '하나'를 자유자
재로 쓰지 못한다면 윤회에서 벗어날 수가 없습니다. 오온
五蘊(생멸 변화하는 모든 것을 구성하는 다섯 요소. 곧 물질, 감각, 지각 또는 표상,
마음의 의지작용, 인식을 이른다)의 경계에 끄달려 가지 않아야 윤회
의 굴레에서 벗어날 수가 있습니다. 부처님 경지는 오온에
끄달려 가지 않을 때 성현의 경지라고 말을 하는 것입니다.

구마라다 역시, 숙명지를 통해 전생을 보니 가야사다 존
자와 인연이 깊었다는 것을 알게 되었습니다. 닭이 알을 품
고 병아리가 되어 나올 때 부리로 톡 쪼아 주면 알이 깨지
면서 병아리가 나오듯이 전생에 근기가 있던 분들도 큰 성
현을 만나게 되면 도道가 확 열린다는 말입니다. 누구든 꾸
준히 정진하게 되면 선지식을 만났을 때 도가 열리게 됩니
다. 전생에 스승과 제자라는 깊은 인연을 알았기 때문에 구
마라다는 출가하여 구족계를 받았습니다.

가야사다 존자는 법을 부촉한 뒤에 게송으로 말씀하십
니다.

씨앗도 있고 마음의 땅도 있으니

인연에 의하여 싹은 돋아날 수 있네

법을 펼 수 있는 능력과 땅도 있으니 중생을 제도할 수
있는 힘만 있게 되면 일체 중생에게 깨달음을 일깨워 줄 수
있다는 말입니다.

뭇 인연이 서로 장애 되지 않으리니

생겨날 때는 생겨나지만 생겨난 것 아니네

인연이라는 것은 털끝만큼도 속일 수가 없습니다. 내가
지은 것은 내가 받는 것입니다. 그 누구도 남의 업을 대신
받을 수가 없어요. 자식이 아무리 아파도 어머니가 대신 아
플 수 없잖아요? 내가 행한 것은 반드시 나에게 돌아오게
됩니다.

현상계에서는 인연에 따라서 다른 모습으로 나타날 수가
있는데, 이 모든 게 마음의 작용입니다. 미국이라는 나라에
가보지는 않았더라도 순간적인 마음으로는 미국을 생각할
수가 있습니다. 지금 마음은 보고 듣고 생각하며 행동을 하
지만 모양이 없는 것이니까, 오고 감이 없는 자리입니다.
그것이 우리가 찾아야 되는 진짜 모습입니다. 그 모양 없는

모습을 찾게 되면 걸림이 없고 집착할 것이 아무것도 없기 때문에 괴로움에서 벗어나 해탈하게 되는 것입니다.

가야사다 존자는 구마라다에게 법을 부촉한 뒤에 허공으로 솟아올라 화화삼매에 들어 스스로 몸을 태웠습니다. 인도의 조사스님들 중에서 화화삼매로 열반에 드신 분이 꽤 많습니다.

19 구마라다 존자

제19조 구마라다 존자는 가야사다 존자를 만나 법을 얻은 뒤에 중천축으로 갔다. 그 나라에는 사야다라는 대사가 있었는데, 그가 구마라다에게 물었다.

"우리 부모님은 일찍부터 삼보를 믿었지만 항상 병을 앓으셨고 그뿐만 아니라 하는 일이 모두 뜻대로 된 적이 없었습니다. 그러나 우리 이웃은 오랫동안 전다라(백정) 노릇만을 해왔건만 언제나 몸은 건강하였고 하는 일은 모두 잘 이루어졌습니다. 그 집은 무슨 행운이 있었던 것이고, 우리에게는 무슨 죄가 있었던 것입니까?"

이에 구마라다 존자가 답하였다.

"그것을 어찌 의심하고 있소? 선악의 과보는 삼세를 통하여 나타나는 것이오. 보통 사람들은 항상 어진 사람이 일찍 죽고 못된 사람이 장수하며, 반역하는 사람이 길하고 의로운 사람이 흉한 것만을 보고서는 인과도 없고 죄와 복도 없다고들 하오. 그러나 그것은 그림자와 메아리가 서로 다르되 추호도 어긋남이 없음을 모르고 있기 때문인 것이오. 백천만 겁을 지나더라도 그것(인과의 법칙)은 결코 소멸되지 않을 것이오."

사야다는 이 말을 듣고 나서 의심이 단번에 풀렸다.

구마라다 존자가 말하였다.

"그대가 이미 세 가지 업을 믿고는 있었지만 아직도 업은 미혹에서 생기는 것이고, 미혹은 식별로 인해 생기며,

식별은 불각不覺으로 인해 일어나는 것이며, 그러한 불각은 마음을 따라 나타나는 것임을 밝게 알지 못하고 있소. 마음은 본래부터 청정하여 생멸하지 않고 만들거나 짓는 일도 없으며 보응도 승부도 없는 것이요, 지극히 고요하고 지극히 밝은 것이오. 그대가 만약 부처님의 법문으로 들어오면 여러 부처님들과 똑같아질 것이오. 모든 선악과 유위有爲, 무위無爲는 모두 꿈이나 환상과 같은 것이오."

사야다는 존자의 말을 이어받아 종지를 알고 그 자리에서 전생에 닦았던 지혜를 일으켜 출가할 것을 간절히 바랐다. 존자는 그에게 구족계를 준 뒤에 법을 부촉하고 게송으로 말하였다.

性上本無生 성상본무생

爲對求人說 위대구인설

於法旣無得 어법기무득

何懷決不決 하회결불결

성품에는 본래부터 나는 것이 없지만

구하는 사람을 상대하여 말하는 것이네

법은 이미 얻을 것이 없는데

어찌 해결하고 하지 못함을 생각하는가.

"그대는 후학들에게 잘 전하라."

말을 마친 뒤에 적멸에 들었다.

■ 해설

제19조 구마라다 존자는 가야사다 존자를 만나 법을 얻은 뒤에 중천축으로 갔습니다. 그 나라에는 사야다라는 대사가 있었는데, 그가 구마라다에게 물었습니다.

"우리 부모님은 일찍부터 삼보를 믿었지만 항상 병을 앓으셨고 그뿐만 아니라 하는 일이 모두 뜻대로 된 적이 없었습니다."

불자님들 중에서 나름대로 절에 열심히 다녔지만 집에 우환이 있고 하는 일마다 잘되지 않을 때 부처님을 원망하시는 분들이 간혹 있습니다. 어떤 대상, 즉 석가모니 부처님의 형상, 역사적으로 출현했던 부처님을 생각하며 불교를 믿는 분이 대다수이지만, 이것은 불교를 제대로 이해하지 못하는 신행입니다. 불교를 믿는다는 것은 부처님의 가르침, 바로 둘이 아닌 하나의 도리를 믿는 것입니다. 사야다라는 대사도 역시 구마라다에게 그런 부분에 의문을 품고 질문하고 있습니다.

"그러나 우리 이웃은 오랫동안 전다라 노릇만을 해왔건만 언제나 몸은 건강하였고 하는 일은 모두 잘 이루어졌습니다. 그 집은 무슨 행운이 있었던 것이고, 우리에게는 무슨 죄가 있었던 것입니까?"

전다라는 인도의 사성계급 가운데 아주 낮은 계급에 들지도 못하는 천민 계급입니다. 전다라족은 바라문족의 얼굴조차도 바라보지 못할 정도로 박해를 받은 불가촉 천민입니다. 그러나 전다라족은 건강하고 하는 일마다 잘되는데 바라문족인 자신은 삼보를 믿고 부모님도 삼보를 믿었지만 우환이 항상 떠나지 않는 의문에 대해 질문하고 있는 것입니다.

이에 구마라다 존자가 답하였습니다.

"그것을 어찌 의심하고 있소? 선악의 과보는 삼세를 통하여 나타나는 것이오."

불자님들과 상담을 하게 되면 배신을 당했거나 사기를 당한 경우를 물어보시게 되는데 과거의 일은 모르지만 분명 전생을 돌아보면 그렇게 될 수밖에 없는 인연이 있음을 알게 됩니다. 인과 부분은 금생만 보는 것이 아니고 삼세三世(과거, 현재, 미래)를 봐야 됩니다. 삼세를 보게 되면 지금 복을 받고 있는 사람은 복을 받을 만한 행위를 했다는 이야기입니다. 지금 하는 행위를 보면 다음 생에 어떤 과보를 받을 수 있을지도 알 수 있습니다. 그러나 현실에서는 인과가 엄연하지만, 본래 마음자리에서는 인과에 걸리지 않습니다. 불자님들께서는 이 도리를 아시면 됩니다.

다음은 이에 대해서 구마라다 존자가 설명하는 부분입니다.

"그러나 그것은 그림자와 메아리가 서로 다르되 추호도 어긋남이 없음을 모르고 있기 때문인 것이오. 백천만 겁을 지나더라도 인과의 법칙은 결코 소멸되지 않을 것이오."

그림자와 메아리처럼 내가 행한 것은 반드시 돌아오게 됩니다. 업이라고 하면 나쁜 일을 행한 것만 생각하지만 누군가를 좋아하는 것도 다음 생에 큰 아픔으로 돌아옵니다. 좋든 나쁘든 생각 생각이 바로 업이 됩니다. 내가 행한 일의 인과는 백천만 겁을 지나더라도 반드시 돌아오기 때문입니다.

사야다는 이 말을 듣고 나서 의심이 단번에 풀렸습니다.

구마라다 존자가 말하였습니다.

"그대가 이미 세 가지 업을 믿고는 있었지만 아직도 업은 미혹에서 생기는 것이고, 미혹은 식별로 인해 생기며, 식별은 불각으로 인해 일어나는 것이며, 그러한 불각은 마음을 따라 나타나는 것임을 밝게 알지 못하고 있소. 마음은 본래부터 청정하여 생멸하지 않고 만들거나 짓는 일도 없으며 보응도 승부도 없는 것이오."

구마라다 존자께서 말씀하신 인과의 가르침을 사야다는 의심 없이 바로 받아들였습니다. 미혹은 실상을 바로 보지 못하고 분별하는 마음에서 옵니다. 불각不覺은 각覺의 반대말입니다. 둘이 아닌 하나의 도리를 깨달았을 때 깨닫는다〔覺〕고 말합니다. 부처님께서 깨달으신 진리는 우주의 근본실상, 둘이 아닌 하나의 도리를 깨달은 것이고 우리는 깨달지 못한 차이만 있을 뿐입니다. 깨달으면 부처이고 깨닫지 못하면 중생이라고 했습니다. 그러나 본래의 마음은 도둑이 됐든, 왕이 됐든, 부처님이 됐든 조금도 차이가 없고 변함이 없어요. 그 본래의 마음자리는 똑같은 자리이기 때문입니다.

"지극히 고요하고 지극히 밝은 것이오. 그대가 만약 부처님의 법문으로 들어오면 여러 부처님들과 똑같아질 것이오. 모든 선악과 유위, 무위는 모두 꿈이나 환상과 같은 것이오."

하나의 마음자리는 조금의 동요도 없고 생멸도 없기에 고요하다고 말을 하는 것입니다. 나라는 생각, 너라는 생각, 있다 없다는 생각이 벽을 만들어 놓고 있습니다. 분별하는 마음만 없어진다면 누구나 마음자리가 태양보다도 더 밝아질 수가 있습니다. 본래마음에서 보면 걸릴 것이 없습니다. 그러니 진짜 부처님 안으로 들어오면 형상이나 보이지 않는 세계는 사실이 아님을 알게 됩니다.

사야다는 존자의 말을 이어받아 종지를 알고 그 자리에서 전생에 닦았던 지혜를 일으켜 출가할 것을 간절히 바랐습니다. 사야다는 본래의 실상實相을 알고 전생에 수행했던 자신을 본 후 출가를 청하게 됩니다.

존자는 그에게 구족계를 준 뒤에 법을 부촉하고 게송으로 말하였습니다.

성품에는 본래부터 나는 것이 없지만

구하는 사람을 상대하여 말하는 것이네

법은 이미 얻을 것이 없는데

어찌 해결하고 하지 못함을 생각하는가

'하나의 마음', 즉 일심一心이라고 하면 쉬울 텐데 불교가 어렵다고 하는 것은 진여眞如, 진공眞空, 법法, 공空 등 온갖 명사를 다 붙여 놓았기 때문입니다. 수차 말씀드렸지만 진리의 실상에서는 말로나 언어로는 표현할 수 없습니다. 그것을 중생의 근기에 맞도록 부처님, 자비, 지장보살, 관세음보살 등 편리한 대로 이름을 붙여 놓은 것입니다. 그러니 형상에 속고 이름에 속지 마세요. 진짜 법 안으로 들어오려면 문자와 언어로 표현할 수 없는 그 자리로 들어가야 됩니다. 그 법 밖에서 행하는 행위는 모두 외도입니다.

본래자리의 성품性品은 우주의 근본실상을 말하는 것이고 어떤 표현도 할 수 없기 때문에 '본래부터 나는 것이 없다'고 하는 것입니다. '구하는 사람'이라는 것도 구하는 사람이라고 이름만 붙여 놓았을 뿐이라는 의미입니다. 진여자성의 입장에서는 본래 얻을 것이 없기에 구할 것도 증득할 것도 없다는 것입니다.

20 사야다 존자

제20조 사야다 존자는 바수반두 존자가 언제나 하루에 한 끼만 먹고 눕지도 않으며, 하루에 여섯 차례 예불을 올리고, 청정하고 욕심이 없어서 대중의 존경을 한 몸에 받는 것을 보았다. 사야다 존자는 그를 제도하기 위하여 먼저 그

를 따르는 대중에게 물었다.

"이 편행두타(偏行頭陀:바수반두)가 범행을 닦아서 불도를 얻을 수 있겠는가?"

대중이 반문하였다.

"우리 스승님께서 저토록 정진하시는데 어찌 얻지 못하겠습니까?"

"그대들의 스승은 도와는 거리가 먼 사람이다. 설사 진겁 동안 고행한다 해도 모두가 허망의 근본일 뿐이다."

"그렇다면 존자는 도대체 어떤 덕행을 쌓으셨기에 우리 스승님을 비웃으십니까?"

"나는 도를 구하지 않으며 그렇다고 잘못된 생각을 갖지도 않았다. 나는 부처님을 예경하지 않으며 그렇다고 업신여기지도 않는다. 나는 오래도록 앉아서 좌선하지는 않지만 그렇다고 게으르지도 않다. 하루에 한 끼만 먹는 것은 아니지만, 그렇다고 여러 번 먹지도 않는다. 나는 만족할 줄은 모르지만 그렇다고 탐욕스럽지도 않다. 마음에 바람이 없으니 이것이 바로 '도'라고 하는 것이다."

바수반두는 사야다 존자의 말을 듣고 무루無漏의 지혜를

일으켰다. 그러자 존자는 그에게 법을 부촉한 뒤에 게송으
로 말하였다.

言下合無生 언하합무생
同於法界性 동어법계성
若能如是解 약능여시해
通達事理竟 통달사리경

말을 마치자마자 무생無生의 이치와 합치되고
법계의 성품과 같아졌네
이와 같이 깨달을 수만 있으면
이치와 현상의 경지를 통달하리라.

존자는 게송을 말한 뒤에 자리에서 일어나지 않고 홀연
히 열반에 들었다.

■ 해설

사야다 존자의 가르침은 마음을 어디에 두고 수행해야

하는지를 잘 알려주는 선문답입니다.

구마라다 존자에게 법을 받은 사야다 존자가 바수반두라는 분을 만나게 되는데, 이분께서는 장좌불와長坐不臥를 하며 하루에 여섯 차례 예불을 올리고, 청정하고 욕심이 없어서 대중의 존경을 받는 분이었답니다. 장좌불와는 결코 쉬운 수행이 아닙니다. 이런 분이 주위에 있다면 대중의 존경을 한 몸에 받을 것입니다.

한결같이 용맹정진하는 바수반두를 보고 사야다 존자가 그를 따르는 대중들에게 물었습니다.

"이 편행두타가 범행을 닦아서 불도를 얻을 수 있겠는가?"

편행두타偏行頭陀란 두루 고행을 닦는 수행자를 뜻합니다. 하루에 한 끼만 먹고 눕지도 않는 고행과 청정한 두타행을 닦는 바수반두가 과연 도를 이룰 수 있겠는가 하고 대중에게 물었던 겁니다.

그러자 대중이 반문합니다.

"우리 스승님께서 저토록 정진하시는데 어찌 얻지 못하겠습니까?"

"그대들의 스승은 도와는 거리가 먼 사람이다. 설사 진 겁 동안 고행한다 해도 모두가 허망의 근본일 뿐이다."

무량한 시간 동안 고행을 한다 해도 도와는 거리가 멀다고 사야다 존자께서 말씀하십니다. 정확히 알고 수행을 해야 된다는 부분을 말씀해 주시는 것입니다. 고행을 하고 청정한 두타행을 한다 해도 모두 깨달을 수 있는 것은 아닙니다.

"그렇다면 존자는 도대체 어떤 덕행을 쌓으셨기에 우리 스승님을 비웃으십니까?"

바수반두의 제자들이 한 질문에 대해, 사야다 존자께서는 구체적으로 마음을 어디에 두고 수행을 해야 도를 이룰 수 있게 될 것인가를 설명합니다.

"나는 도를 구하지 않으며 그렇다고 잘못된 생각을 갖지도 않았다. 나는 부처님을 예경하지 않으며 그렇다고 업신여기지도 않는다. 나는 오래도록 앉아서 좌선하지는 않지만 그렇다고 게으르지도 않다. 하루에 한 끼만 먹는 것은 아니지만 그렇다고 여러 번 먹지도 않는다. 나는 만족할 줄은 모르지만 그렇다고 탐욕스럽지도 않다. 마음에 바람이 없으니 이것이 바로 '도'라고 하는 것이다."

　우주의 근본실상은 모두 마음으로 되어 있기에 그 자리에 마음을 두고 있다면, 있다고 해도 맞지 않고 없다고 해도 맞지 않는 것입니다. 이 자리는 어떤 표현을 해도 이미 그르치는 자리입니다. 사야다 존자는 늘 그 진여자리에 마음을 두고 있기 때문에, '나는 도를 구하지 않는다'고 표현하고 계십니다. 돈오돈수頓悟頓修(단박 깨닫고 단박 닦음)의 자리에 마음을 두고 있으며, 중도실상中道實相에 마음을 두고 있다는 의미입니다. 이는 좋은 생각, 나쁜 생각, 도를 닦는다는 생각, 닦지 않는다는 생각이 모두 끊어진 자리에 마음을 두어야 된다는 말입니다.

　무념無念의 경지에 들어가게 되면 마음에 바라거나 닦는다는 생각이 끊어지게 되는데, 이것이 바로 도道라고 하는 것입니다. 생사가 없는 근본실상인 '체'의 자리에 마음을 두고 정진하며 수행을 하는 것입니다. 문자와 언어로 표현할 수 없으니까, 의심이 생기게 되면 무념인 진여당체眞如當體에 의심을 두고 화두로 이어지면 빠르고 효과적인 공부가 됩니다. 그러나 화두에 의심이 생기지 않는다면, 본래의 진여당체에 마음을 두고 염불이나 주력을 하면 됩니다. 그렇게 정진을 하게 될 때 '도'와 하나가 되는 수행이 된다는 뜻입니다. 마음 밖에 따로이 대상을 두고 바라거나 구하는 마음으로 수행을 하게 되면 무량한 세월 동안 고행을 해도 깨달을 수가 없다는 말씀입니다.

바수반두는 사야다 존자의 말씀을 듣고 새는 바가 없는 무루無漏의 지혜를 일으켰습니다. 근기가 수승한 분들은 성현들의 말씀을 듣게 되면, 그 자리에서 마음이 확 열리게 된다는 말입니다. '무루'라는 것은 새지 않는 근본 실상인 '체'의 자리를 체험했다는 말입니다.

진여자성과 하나가 된 바수반두에게 사야다 존자가 법을 부촉한 다음 게송으로 말씀하십니다.

말을 마치자마자 무생無生의 이치와 합치되고
법계의 성품과 같아졌네

사야다 존자의 법문이 끝나자마자 바수반두 존자는 본래 '태어남이 없는[無生]' 체의 실상과 하나가 되었다는 말입니다.

이와 같이 깨달을 수만 있으면
이치와 현상의 경지를 통달하리라

우주의 근본실상과 둘이 아닌 하나의 이치와 눈에 보이는 현상, 즉 '체體'와 '용用'을 말합니다. '체'와 '용'은 둘인 것 같지만 하나이기에 이러한 도리를 통달한다는 설명입니다.

육신뿐만 아니라 모든 물질은 모양이 없는 곳에서 나온 것이니 역시 모양이 아닙니다. 파동에 의해서 육안으로는 있는 것처럼 착각할 뿐입니다. 사실이 아닌 환상에 불과하니, 우린 평생 이름에 속고 형상에 속으며 살고 있습니다. 이것이 바로 중생놀음입니다. 그러나 성현들은 보고 듣는 현상이 사실이 아닌 것을 알기 때문에 끄달려가지 않습니다. 모든 고통의 원인은 현상에 대한 집착으로 인해 생기므로 집착이 없는 성현들은 일체에 끄달림이 없어 늘 평안하다는 것입니다.

사야다 존자는 게송을 말한 뒤에 자리에서 일어나지 않

고 홀연히 열반에 들었습니다. '본래 생사가 없는[本無生死]'

진여의 경지에 들었다는 의미입니다.

21 바수반두 존자

제21조 바수반두 존자는 게송으로 말하였다.

泡幻同無碍 포환동무애

如何不了悟 여하불료오

達法在其中 달법재기중

非今亦非古 비금역비고

거품과 환술이 모두 걸림 없는데

어찌 그것을 깨닫지 못하는가

법이 바로 그 속에 있음을 통달하면

지금도 아니며 옛 일도 아니리라.

▪ 해설

　제21조인 정진제일 바수반두 존자가 깨달은 가르침입니다. 존자의 게송은 영가현각 선사가 지은 『증도가』의 법문과 같은 내용의 설법을 하고 있어 참으로 흥미롭습니다.

　거품과 환술이 모두 걸림 없는데

　어찌 그것을 깨닫지 못하는가

　거품과 환술은 이 모든 현상세계를 말합니다. 『금강경』에도 "모든 생멸하는 존재는 꿈과 환상과 물거품과 그림자, 이슬과 번개와 같으니 마땅히 이와 같이 관해야 한다

〔一切有爲法 如夢幻泡影 如露亦如電 應作如是觀〕"는 내용의 법문이 나옵니다. 성현들의 눈으로 보았을 때, 일체 현상세계는 모두 거품과 환상, 꿈이라는 말입니다. 성인들은 현상계의 허망한 본질을 알아서 집착하지 않게 되니, 괴로움과 고통에서 벗어나게 되는 것입니다.

바수반두 존자가 '하나의 마음자리에서 보면 걸릴 것이 없는데, 중생은 왜 깨닫지 못하는가?' 하고 본래마음 차원에서 하시는 말씀입니다.

법이 바로 그 속에 있음을 통달하면
지금도 아니며 옛 일도 아니리라

물거품과 환상과 같은 허망한 현상 가운데 법法이 그대로 있다는 말씀입니다. 법이라고 하면 보통 경전의 내용에 끄달려갈 수 있지만 문자와 언어로 표현할 수 없는 둘이 아닌 실상의 자리를 법이라고 합니다. 법은 눈으로 볼 수 없는 근본 마음자리입니다. 그러니 법 아닌 게 따로 없습니다.

영가현각 선사의 『증도가』에도 이와 유사한 법문이 나옵니다.

"배울 것이 없고 할 일이 없는 한가한 도인은〔絶學無爲閒道人〕 망상을 없애지도 않고 참마음을 구하지도 않는다〔不除妄想不求眞〕. 무명의 본성이 곧 불성이며〔無明實性卽佛性〕 한화의 헛된 몸이 곧 법신이로다〔幻化空身卽法身〕."

번뇌와 무명이 불성이며 허망한 육신이 곧 법신이라는 법문입니다. 번뇌와 육신의 허망함을 요달한 도인들은 환상과도 같은 이 현상계가 본래자리에서 벌어진 것임을 알기에 있는 그대로의 현상을 불성이자 법신으로 보는 것입니다. '법이 바로 현상 속에 있다'는 바수반두 존자의 법문과 한 치도 어긋남이 없는 가르침입니다.

본래의 마음자리는 억겁 전에도 이 마음이고 억겁 후에도 바로 이 마음입니다. 물질이 아니고 생사가 없으니 윤회도 없습니다. 항상 여여如如한 그 자리입니다. 그래서 지금도 아니며 옛 일도 아니라고 말씀하신 것입니다.

22 마나라 존자

제22조 마나라 존자는 게송으로 말하였다.

心隨萬境轉 심수만경전

轉處實能幽 전처실능유

隨流認得性 수류인득성

無喜亦無憂 무희역무우

마음이 만 가지 경계를 따라서 굴러가니
구르는 곳마다 참으로 심오하구나
흐름을 따라서 성품을 깨달으면
기쁨도 없고 근심도 없으리라.

■ 해설

육적六賊이라는 말을 들어보셨을 겁니다. '육적'이란 마음이 안이비설신의眼耳鼻舌身意 여섯 가지 감각기관을 드나들며 색성향미촉법色聲香味觸法의 온갖 경계에 빠져 분별을 일으키는 것을 말합니다. 마음을 오염시키는 도둑놈이라고 해서 육적이란 표현을 씁니다.

마음이 만 가지 경계를 따라서 굴러가니
구르는 곳마다 참으로 심오하구나

우리가 만약 보지 않고 듣지 않는다면 업을 덜 지을 수가 있겠지요. 하지만 귀가 없고 눈이 없다면 답답해서 살기 힘들 것입니다. 그래서 수행을 통해서 봐도 본 것이 아니고 들어도 들은 것이 아닌 경지에 들어가려는 것입니다. 이렇게 된다면 아무리 많은 것을 보고 듣고 생각하고 감촉을 받아들여도 전혀 복잡할 것이 없습니다. 매 순간이 행복합니다. 깨닫기 전에는 온갖 대상을 향해 마음이 끌려가게 마련입니다. 그러나 깨닫게 되면 온갖 현상이 부처 아닌 게 없어서 늘 자유롭고 행복한 것입니다.

흐름을 따라서 성품을 깨달으면
기쁨도 없고 근심도 없으리라

흐름에 따라 하나의 도리를 알게 되면 무념無念의 경계로 들어간다는 말입니다. 좋다는 생각, 나쁘다는 생각이 끊어진다는 말입니다. 한 생각으로 무념의 경지에 들어갔을 때 비로소 해탈을 이야기할 수 있습니다. 무념의 경지에 들어가야지 모든 현상계가 부처로 보이게 된다는 말입니다. 그래서 성철 스님께서도 "보이는 만물은 관음이요, 들리는 소리는 묘음妙音이다"라고 표현하신 것입니다.

23 학륵나 존자

제23조 학륵나 존자는 마나라 존자를 만나 법을 전해들은 뒤에 교화를 떠나 중인도에 이르렀다. 그 나라에서 사자를 만났는데 사자가 물었다.

"제가 도를 구하려 하는데 어떻게 마음을 쓰면 되겠습니까?"

학륵나 존자가 대답하였다.

"그대가 도를 구하고자 한다면 굳이 마음을 쓸 일이 없소."

"마음을 쓰지 않는다면, 누가 불사佛事를 하겠습니까?"

"그대가 마음을 쓴다면 그것은 이미 공덕이 아니다. 그대가 마음을 쓰지 않는다면 그것이 바로 불사인 것이다. 그러므로 경전에서 '내가 공덕을 지었으나 그것은 나의 것이 아니다'라고 하는 것이다."

사자는 이 말을 듣고 바로 부처님의 지혜를 깨달았다. 이에 학륵나 존자는 그에게 법을 부촉한 뒤에 게송으로 말하였다.

認得心性時 인득심성시

可說不思議 가설부사의

了了無可得 요료무가득

得時不說知 득시불설지

마음의 성품을 깨달았을 때는

불가사의하다고 말할 수 있으나

너무나 분명하여 얻을 것이 없고

얻었을 때는 안다고 말하지 않네.

존자는 게송을 마친 뒤에 열반에 들었다.

■ 해설

제23조 학륵나 존자가 중인도에서 사자를 만났는데, 사자가 질문했습니다.

"제가 도를 구하려 하는데 어떻게 마음을 쓰면 되겠습니까?"

'마음을 어디에 두고 수행을 해야 도를 깨달을 수 있겠습니까?' 하고 사자가 묻고 계십니다.

"그대가 도를 구하고자 한다면 굳이 마음을 쓸 일이 없소."

바로 '체' 차원에서 학륵나 존자가 대답을 하십니다. '마음 쓸 일이 없다〔無所用心〕'는 것은 있다 없다는 생각이 끊어진 무념에 마음을 두어야 된다는 뜻입니다.

"마음을 쓰지 않는다면, 누가 불사를 하겠습니까?"

마음을 쓰지 않는다면 누가 깨닫고자 수행을 하겠습니까? 불사佛事라는 말은 다양한 표현을 담고 있는데 부처님에 관하여 도를 깨닫고자 수행하는 것, 절을 짓는 일, 불공을 드리는 일 등을 모두 불사라고 할 수가 있습니다.

"그대가 마음을 쓴다면 그것은 이미 공덕이 아니다. 그대가 마음을 쓰지 않는다면 그것이 바로 불사인 것이다. 그러므로 경전에서 '내가 공덕을 지었으나 그것은 나의 것이 아니다'라고 하는 것이다."

이는 중도 차원에서 표현한 부분입니다. 도를 구한다는 생각을 일으켜도 이미 도하고 거리가 멀다는 말입니다. 마찬가지로 내가 공덕을 지었다고 생각을 일으킨다면 이미 공덕이 아니라는 말입니다. 공덕을 지었다는 생각을 일으켰다면 대상을 염두에 두고 있다는 말인데, 사실이 아닌 것을 진실인 줄 알고 행했다면 공덕이 아니고 내 것이 아닙니다. 마음을 어디에 두고 행하는가에 따라서 참된 공덕과 그렇지 않은 것이 구별됩니다. 우주의 무한대를 향해서 행한 것은 무한의 공덕이 되는 것입니다. 나와 네가 끊어진 무한 대를 향해 마음을 쓴다면 무루無漏의 복이 됩니다. 무루복의 경지에서 행해야만 부처로서 갖추게 되는 무한한 덕을 함께 갖추게 되는 겁니다.

사자는 이 말을 듣고 바로 부처님의 지혜를 깨달았습니다. 부처님의 지혜, 둘이 아닌 하나의 경지에 들어간 것을 말합니다.

이에 학륵나 존자는 그에게 법을 부촉한 뒤에 게송으로 말하였습니다.

마음의 성품을 깨달았을 때는

불가사의하다고 말할 수 있으나

저마다 가진 본래의 성품性品에 대해 불교용어를 '하나의 마음〔一心〕'이라고 했다면 쉽게 이해가 될 텐데 온갖 명사를 붙여 놓아서 헷갈릴 수가 있습니다. 하지만, 말에 걸리지 않고 문자에 매이지 않고 법문을 보고 들으셔야 합니다. '불가사의하다'는 말은 일체 현상계가 모양이 없는 마음에서 나온 것임에도 다양한 모습으로 나타나게 되니 불가사의하다고 말을 합니다.

너무나 분명하여 얻을 것이 없고

얻었을 때는 안다고 말하지 않네

분명하다는 것은 모양이 없는 자리, 생사가 끊어진 자리를 말합니다. 온갖 다양한 현상으로 나타나지만 그것은 모양이 아닙니다. 성품을 깨달음에 얻을 것이 없다고 하는 것은 '체' 차원에서 말을 하는 부분입니다.

진리의 당체當體는 딱히 정해진 바가 없는 '무유정법無有定法'인 동시에, 구하려고 하면 얻을 수 없는 '무소득법無所得法'임을 나타냅니다. 하지만 진리는 찾지 않고, 갈망하지 않고, 원하는 바가 없으면, 언제 어디서나 함께 하는 것이기도 합니다. 그래서 바라제 존자는 "성품性品은 작용하는 데 있다. 눈에 있으면 보고, 귀에 있으면 듣고, 코에 있으면 냄새를 맡으며, 혀에 있으면 말을 한다"고 설한 것입니다.

『금강경』에서는 실상實相은 무상無相이기에 '고정됨이 없는 법〔無有定法〕'이요 '얻을 바 없는 법〔無所得法〕'이라 했습니다. 우주와 내가 하나가 된 경지에서는 본래 자리로 돌아간

것이기에, 없던 것을 얻었거나 새로이 안다고 말할 수 없다
는 뜻입니다.

24 사자 존자

　어느 날 제24조 사자 존자에게 계빈국의 왕이 칼을 차고 물었다.

　"스님은 오온이 공하다는 이치를 깨달았습니까?"

　사자 존자가 답하였다.

"그렇소."

"오온이 공함을 깨달았다면 생사를 여의셨습니까?"

"이미 여의었소."

국왕이 다시 물었다.

"그렇다면 스님의 머리를 저에게 주실 수 있겠습니까?"

"몸도 내 것이 아닌데 하물며 머리가 내 것이겠소?"

이에 국왕이 곧 칼로 존자의 머리를 베니 흰 젖이 한 길 높이로 솟아올랐고, 왕의 팔도 저절로 떨어지고 말았다.

■ 해설

제24조 사자 존자에게 계빈국의 왕이 칼을 차고 물었습니다.

"스님은 오온이 공하다는 이치를 깨달았습니까?"

오온五蘊이란 불교에서 생멸·변화하는 모든 것을 구성하는 다섯 요소를 말합니다. 다섯 요소 가운데 색色은 육체를, 수受는 의식의 감수感受 작용으로서의 감각을, 상想은 의식 중의 개념, 지각을 구성하는 작용으로서의 표상表象을 뜻합니다. 또 행行은 능동적인 심리작용으로서의 의지나

행동적 욕구를, 식識은 대상을 분석 판단하고 종합 인식하는 마음의 활동을 가리킵니다.

여기서 수受 이하의 4종은 마음에 관한 것으로서, 결국 오온은 색色인 물질과 의식의 작용을 말합니다. 물질과 마음이 공하다는 것은 물질과 의식의 작용이 마음으로 되어 있다고 이해하시면 됩니다. 마음은 있지만 모양이 없으니 있다고도 할 수 없고 없다고 단정 지을 수도 없습니다. 공하다고 하면 텅 비었다고 생각할 수 있지만 일체가 마음으로 되어 있기에 없는 것도 아닌 것입니다.

왕이 묻습니다.

"오온이 공함을 깨달았다면 생사를 여의셨습니까?"

"이미 여의었소."

일체가 하나의 마음으로 되어 있으니까 생사가 없으며, 그래서 생사로부터 자유롭다고 대답을 하신 것입니다.

본문에는 들어있지 않지만, 사자 존자의 깨달음의 노래는 다음과 같이 전하고 있습니다.

正說知見時 정설지견시

知見俱是心 지견구시심

當心卽知見 당심즉지견

知見卽在今 지견즉재금

지견知見을 말할 때에

깨달음(知)과 살핌(見)은 마음이요

이 마음이 바로 지견이니

깨달음은 현재에 있느니라.

국왕이 다시 사자 존자에게 묻습니다.

"그렇다면 스님의 머리를 저에게 주실 수 있겠습니까?"

"몸도 내 것이 아닌데 하물며 머리가 내 것이겠소?"

이에 국왕이 곧 칼로 존자의 머리를 베니 흰 젖이 한 길 높이로 솟아올랐고, 왕의 팔도 저절로 떨어지고 말았습니다.

성현들은 무념의 경지에 들어가서 나(我)라는 상相이 없기 때문에 머리를 베어도 피가 나오지 않고 물질의 본질인 흰 색으로 돌아감을 암시합니다. 중생은 붉은 피인데, 보살에게서는 흰 피가 나온다는 것입니다. 『사제론四諦論』에 따르면, 보살은 중생을 위해 희생할 때 마치 어머니가 어린 자식을 사랑할 때 흰 젖이 나온 것처럼 자기 몸에서 피를 낼 때 흰 피가 나온다고 합니다. 이런 마음은 성현들만 쓸 수 있는 것이 아니라 중생들도 수행을 거듭해 무념의 경지에 들어가서 나다 너다 하는 생각이 끊어지면 가능한 것입니다.

성현의 몸에 피를 냈기 때문에, 그 과보로 왕의 팔도 저절로 떨어졌습니다. 중생의 입장에서는 반드시 인과가 따릅니다. 자업자득自業自得이요 자작자수自作自受인 것입니다. 그러나 근본 무념無念 경지에 들어가 있을 때는 인과가 끊어집니다. 일생을 통해서 얼마나 무념 경지에 머무르느냐에 따라서 다음 생에 근기가 달라집니다. 그러니 안 된다고 생각하지 마시고 반드시 정진을 하세요. 참선을 꼭 하시길 바랍니다.

25 바사사다 존자

　제25조 바사사다 존자는 무아존無我尊이라는 외도와 토론
할 때 59차례나 문답을 주고 받았다. 결국 외도는 말이 막혀
존자에게 항복하고 말았다.

　그때 바사사다 존자는 홀연히 북쪽을 향하여 합장을 하

고 길게 탄식하면서 말하였다.

"나의 스승이신 사자 존자께서 오늘 불행한 일을 당하게 되셨으니 참으로 슬프도다."

그리고 곧바로 남천축으로 가서 산골짜기에 숨어 지냈다. 한편 그 나라의 불여밀다라는 태자가 출가하기를 원했다. 바사사다 존자가 태자에게 물었다.

"그대는 출가하여 무슨 일을 하려고 하오?"

"부처님 일을 하려 합니다."

이에 바사사다 존자가 말하였다.

"태자의 지혜는 타고났으니, 반드시 여러 성인들께서 강림하신 자취일 것이오."

그러고 나서 곧바로 태자의 출가를 허락하니, 태자는 6년 동안 바사사다 존자를 시봉하였다. 그 후 왕궁에서 구족계를 받고 갈마(수계의식을 준비하고 진행하는 일)를 할 때 대지가 진동하는 등 자못 신기한 일들이 많이 벌어졌다. 이에 바사사다 존자가 명하였다.

"그대는 정법안장을 잘 지켜서 많은 중생을 널리 이롭게 하라. 그리고 나의 게송을 들어라."

聖人說知見 성인설지견

當境無是非 당경무시비

我今悟眞性 아금오진성

無道亦無理 무도역무리

성인께서 지견을 말씀하셨지만

경계에 당해서는 옳고 그름이 없네

나 이제 참된 성품을 깨달았으니

도도 없고 이치도 없구나.

바사사다 존자는 게송을 마친 뒤에 신비로운 변화를 나타내었다가 화화삼매에 들어 스스로 몸을 태우고 열반에 들었다.

■ 해설

제25조 바사샤다 존자는 무아존이라는 외도와 토론할 때 59차례나 문답을 주고 받았지만, 결국 외도는 말이 막혀 존자에게 항복하고 말았습니다. 바사사다 존자는 사자

존자로부터 법을 받으신 분이십니다. 외도는 마음 밖에서 도를 구하는 수행을 말합니다. 관세음보살이나 지장보살이 어디에 있다고 생각하고 찾는 것이 아니라, 내 마음속에 있다는 것을 알고 찾을 때 정도正道라고 하는 것입니다.

부처님 당시에도 외도가 많았습니다. 부처님께 외도들이 찾아와서 도전적으로 문답을 하셨던 일이 많이 있었습니다. 그러나 결국은 모두 부처님께 무릎을 꿇습니다. 왜냐하면 진리의 실상에서는 언어로 표현할 수 없기 때문입니다. 외도는 밖에서 진리를 찾던 분들이니까 '당신이 묻고 있는 본래자리는 무엇입니까?' 하고 묻게 되면 답을 하지 못합니다.

그때 바사사다 존자는 홀연히 북쪽을 향하여 합장을 하고 길게 탄식하면서 말하였습니다.

"나의 스승이신 사자 존자께서 오늘 불행한 일을 당하게 되셨으니 참으로 슬프도다."

불행한 일을 당하셨다는 말씀은 사자 존자가 왕으로부터 목숨을 잃게 되신 것을 말합니다. 멀리 있는 스승의 기운을 느끼고 슬프다고 하신 것입니다. 멀리 있는 일까지도 느낄 수가 있다면 선지식이라고 말할 수가 있어요. 하나의 경지에 들어가신 분들은 마음을 다 비추어 볼 수가 있습니다. 그러나 우리는 이분법적인 사고를 가지고 나다 너다라는 벽을 만들어 놓았기 때문에 전혀 보고 듣고 느낄 수가 없습니다.

바사사다 존자는 곧바로 남천축으로 가서 산골짜기에 숨어 지냈습니다. 한편 그 나라의 불여밀다라는 태자가 출가하기를 원했습니다. 바사사다 존자가 승낙하며 이렇게 말합니다.

"태자의 지혜는 타고났으니, 반드시 여러 성인들께서 강림하신 자취일 것이오."

바사사다 존자께 출가를 청했던 제자는 이미 과거 생에 여러 번 성인으로 출현했던 분이셨다는 말씀입니다.

바사사다 존자의 게송입니다.

성인께서 지견을 말씀하셨지만

경계에 당해서는 옳고 그름이 없네

지견知見이란 실상을 제대로 보는 안목입니다. 진리를 제

대로 잘 아는 지혜의 공능을 뜻합니다. 부처님의 지견[佛知
見]은 좋거나 나쁜 온갖 경계를 당해서도 분별시비를 다 떠
난 것임을 밝히고 있습니다.

　나 이제 참된 성품을 깨달았으니
　도도 없고 이치도 없구나

　둘이 아닌 하나의 경지에 들어가면 그 자리는 도라고 표
현해도 맞지 않고 어떤 표현을 해도 그르치는 자리임을 밝
히고 있습니다. 참성품[眞性], 본래의 마음자리, 진여의 성
품은 무념의 상태임을 말합니다. 참된 진리는 얻을 바가 없
는 것이기에 도니 이치니 하는 개념도 붙일 수가 없습니다.
　바사사다 존자는 게송을 마친 뒤에 신비로운 변화를 나
타내었다가 화화삼매에 들어 스스로 몸을 태우고 열반에
들었습니다.

26 불여밀다 존자

第二十六不如密多尊者

제26조 불여밀다 존자는 바사사다 존자로부터 구족계를
받고 법을 전해 들었다. 동인도에 이르러 그곳에서 국왕에
게 말하였다.

"이 나라에 성인이 나와서 나의 법을 이을 것이오."

이때 20살 먹은 바라문의 아들이 있었는데, 어려서 부모님을 여의어 이름도 성도 몰랐다. 그는 자기를 '영락瓔珞 동자'라 불렀다. 이 영락 동자는 이 마을 저 마을을 돌아다니면서 걸식을 하며 지내왔는데, 마치 상불경 보살과 같았다.

사람들이 동자에게 "자네 성이 뭔가?"라고 물으면, 곧 "당신과 같은 성이오"라고 대답하였는데, 사람들은 그렇게 대답하는 까닭을 아무도 알지 못하였다.

훗날 그 나라의 왕이 불여밀다 존자와 함께 수레를 타고 나오다가 영락 동자를 만났다. 동자가 그 앞에서 머리를 조아리자 불여밀다 존자가 물었다.

"그대는 지난 일을 기억하고 있는가?"

영락 동자가 답하였다.

"기억해 보니, 저는 지난 겁에 스님과 함께 살았습니다. 스님께서는 '마하반야'를 설하고 계셨고, 저는 매우 뜻이 깊은 수다라(경전)를 공부하고 있었습니다. 오늘의 이 만남도 지난 옛 인연과 일치하는 것이 아니겠습니까?"

불여밀다 존자가 국왕에게 말하였다.

"이 동자는 다름 아닌 대세지보살입니다. 이 성인 이후에도 다시 성인 두 사람이 더 나오게 될 것인데, 그 중 한 사람은 남인도를 교화하시게 될 것이고, 다른 한 사람은 진 단震旦(중국)에 인연이 있어 머물다가 20년 이내에 다시 이 곳으로 돌아올 것입니다."

그리고 존자는 옛 인연을 따라서 영락 동자를 반야다라 라고 하고 법을 부촉한 뒤에 게송을 말하였다.

　眞性心地藏　진성심지장
　無頭亦無尾　무두역무미
　應緣而化物　응연이화물
　方便呼爲智　방편호위지

진실한 성품의 심지장은
머리도 없고 꼬리도 없지만
인연에 따라서 중생을 교화하기에
방편으로 지혜라 부르네.

불여밀다 존자는 반야다라에게 법을 부촉한 뒤에 "나는

이제 교화의 인연이 끝났다. 그러니 이제 적멸로 돌아가리라"라고 말하였다.

■ **해설**

바사사다 존자로부터 법을 전해받은 제26조 불여밀다 존자는 동인도에 이르러 그곳에서 국왕에게 말하였습니다.

"이 나라에 성인이 나와서 나의 법을 이을 것이오."

이때 20살 먹은 바라문의 아들이 있었는데, 어려서 부모님을 여의어 이름도 성도 몰랐습니다. 그는 자기를 '영락동자'라 불렀는데, 그는 이 마을 저 마을을 돌아다니면서 걸식을 하며 지내왔지만 마치 상불경常不輕(항상 상대를 존중하고 무시하지 않는다는 뜻) 보살과 같았다고 합니다.

상불경 보살은 『법화경』에 등장하는 보살입니다. 이분은 만나는 사람들마다 "당신은 미래에 부처가 될 것입니다"라고 말씀을 하셨습니다. 그 뜻을 이해하지 못하는 분들은 도리어 욕을 하기도 했지만, 그 사람들에게도 부처가 될 것이라고 말씀을 하셨습니다. 이 상불경 보살은 석가모니 부처님의 전생의 몸이었습니다.

영락 동자는 바라문의 아들이었지만 부모님이 돌아가신 후 여기저기 걸식을 다니며 사실은 보살행을 했던 것입니다. 영락 동자는 사람들이 "자네 성이 뭔가?"라고 물으면, 곧 "당신과 같은 성이오"라고 대답하였는데, 사람들은 그렇게 대답하는 까닭을 아무도 알지 못하였습니다.

"자네 성姓이 뭔가?" 하고 물었을 때 당신과 같은 성이라고 대답한 것은 본래성품 자리에 마음을 두고 답을 했음을 보여줍니다. 이미 영락 동자는 보살의 경지에 들어가셨던 분입니다. 당신과 똑같은 성품자리를 가지고 있음을 일깨워 주었지만, 사람들은 알아듣지를 못한 것입니다.

훗날 그 나라의 왕이 불여밀다 존자와 함께 수레를 타고 나오다가 영락 동자를 만났습니다. 동자가 그 앞에서 머리를 조아리자 불여밀다 존자가 물었습니다.

"그대는 지난 일을 기억하고 있는가?"

불여밀다 존자 역시 '하나'의 경지에 들어가 계셨던 분이기에, 영락 동자의 근기를 한눈에 알아보았던 것이죠. 그래서 영락 동자에게 과거 일을 기억하고 있느냐고 물었던 것입니다.

영락 동자가 답하였습니다.

"저는 지난 겁에 스님과 함께 살았습니다. 스님께서는 '마하반야'를 설하고 계셨고, 저는 매우 뜻이 깊은 경전을 공부하고 있었습니다. 오늘의 이 만남도 지난 옛 인연과 일치하는 것이 아니겠습니까?"

'마하摩訶'는 크다, 수승하다는 뜻입니다. 여러분, 지구상에 무엇이 가장 큰 존재일까요? 형상으로는 바다가 가장 크겠지요. 그런데 우리가 달을 볼 때, 달이 눈 안에 쏙 들어오잖아요? 우주 공간에서 보면 지구 역시도 눈 안에 들어올 것입니다. 그러니 크다는 것은 우리의 본래 마음을 이야기하는 것입니다.

우리 마음을 '마하'라고 하는 것은 우주가 하나의 마음이라는 뜻이고, 그것이 바로 반야般若(지혜)라는 의미입니다. 마하나 반야는 표현만 다를 뿐이지, 똑같은 뜻입니다.

'마하'는 본래 마음을 말하는 것이고, '반야'는 우주를 하나의 마음으로 보는 것을 뜻하는 것입니다. 불교가 똑같은 자리를 놓고 다양한 표현을 해 놓았기 때문에 어렵다고 말을 합니다. 그러나 하나의 도리만 안다면 절대 어려운 게 아닙니다. 어떤 표현이든지 하나의 마음자리를 표현한 것입니다.

영락 동자와 불여밀다 존자는 과거 생에도 수행을 함께 하셨던 분들입니다. 불여밀다 존자가 국왕에게 말하였습니다.

"이 동자는 다름 아닌 대세지보살입니다."

대세지보살은 아미타 삼존불 가운데 우보처右補處입니다. 좌측에 계신 관세음보살님은 자비를 상징하고, 우측에 계신 대세지보살은 실천행을 의미합니다.

"이 성인(영락 동자) 이후에도 다시 성인 두 분이 더 나오게 될 것인데, 그 중 한 사람은 남인도를 교화하시게 될 것이고, 다른 한 사람은 진단에 인연이 있어 머물다가 20년 이내에 다시 이곳으로 돌아올 것입니다."

진단은 중국을 말하고, 중국에 머물다 돌아오는 분은 달마 스님을 가리킵니다. 영락 동자는 반야다라 존자로서, 훗날 달마 스님의 스승이 되는 분입니다.

불여밀다 존자는 옛 인연을 따라서 영락 동자를 반야다라라고 명하고 법을 부촉한 뒤에 게송을 말하였습니다.

진실한 성품의 심지장心地藏은

'심지장'에서 장藏은 '감출 장'자를 쓰는데, 본래 자리에서는 부처 아닌 게 없다는 뜻입니다. 다만 번뇌에 의해서 가려져 있을 뿐이라는 의미를 담고 있습니다. 스님들께서 우주의 근본실상인 하나의 마음자리를 말씀하실 때 심지心地 법문이란 표현을 합니다.

머리도 없고 꼬리도 없지만

본래 당당히 갖추고 있는 실상인 성품자리는 모양이 없는 자리이고 어떤 표현도 할 수 없어서 있다 없다, 좋다 나쁘다는 생각이 끊어진 무념의 경지입니다. 그래서 머리도 없고 꼬리도 없다고 말씀하시는 것입니다.

인연에 따라서 중생을 교화하기에
방편으로 지혜라 부르네

실상에서는 입을 떼면 도가 아니지만, 중생을 제도하기 위해 부득이 방편으로 말도 해야 되고 지혜라고 부른다는 말입니다. 여기에서 말씀하시는 지혜는 하나의 마음자리를 전제로 법을 설하는 것이며, 이러한 설법을 할 때를 참된 법문이라고 합니다.

27 반야다라 존자

제27조 반야다라 존자는 법을 얻은 뒤에 교화를 다니다가 남인도에 이르렀다. 그 나라의 향지왕이 반야다라 존자를 궁으로 초청하여 지극히 예를 갖추어 모시고 공양을 올린 뒤에 가치를 헤아릴 수 없는 값진 보배구슬을 보시하였다.

왕에게는 왕자가 셋 있었는데, 그 중 막내 왕자는 보살이었다. 반야다라 존자는 그의 지혜를 시험해 보려고 왕이 준 보배구슬을 가지고 세 왕자에게 물었다.

"이 보배구슬은 둥글고 깨끗한데, 이보다 더 나은 것이 있겠소?"

두 왕자가 모두 말하였다.

"이 구슬은 일곱 가지 보물 중에서도 가장 귀한 것이어서 그것을 능가할 보배는 절대로 없습니다. 존자와 같은 도력을 지닌 분이 아니라면, 누가 감히 이런 보배구슬을 받을 수 있겠습니까?"

셋째 왕자인 보리다라는 말하였다.

"이것은 세속의 보석이기에 으뜸가는 것이라고 할 수 없으니, 모든 보석 중에서 법의 보석이 가장 으뜸이기 때문입니다. 이것은 세속의 빛이기에 으뜸이라고 할 수 없으니, 모든 빛 중에서 지혜의 빛이 가장 으뜸이기 때문입니다. 이것은 세속의 밝음이기에 으뜸이라고 할 수 없으니, 모든 밝음 중에서도 마음의 밝음이 가장 으뜸이기 때문입니다. 이구슬의 광명은 제 힘으로 비추지 못하며, 지혜의 빛을 빌려야만 이것이라고 알아차릴 수 있는 것입니다. 이것이라고 알아차린 뒤에야 구슬인 줄 알 수 있고, 구슬인 줄 알고 난 뒤에야 그 구슬이 보배인 줄 알 수 있습니다. 그러한데 스님께서는 그런 도가 있으셔서 보배구슬이 저절로 드러났고, 중생에게도 그런 도가 있으므로 마음의 보배가 저절로 드러나게 될 것입니다."

반야다라 존자는 보리다라의 말솜씨와 지혜에 감탄하였다. 존자는 그가 자신의 법을 계승할 사람임을 알았지만, 아직은 때가 아니었기에 짐짓 가만히 두고 보기만 하였다. 그 후 향지왕이 세상을 떠나자 대중이 모두 구슬프게 통곡을 하였는데, 셋째 왕자만은 향지왕의 관 앞에서 선정에 들어 7일 만에 깨어났다. 그리고서 출가를 청하니 반야다라 존자는 보리다라에게 구족계를 주었다. 그러고 나서 반야다라 존자는 보리다라에게 말하였다.

"여래의 바른 법이 대대로 전해져 나에게 이르렀다. 내가 이제 그대에 부촉하노라. 나의 게송을 들어라."

心地生諸種 심지생제종

因事復生理 인사부생리

果滿普提圓 과만보리원

華開世界起 화개세계기

마음의 땅에서 여러 씨앗이 자라나며

현상을 말미암아 다시 이치가 자라나네

결과가 원만하면 보리도 원만하리니

꽃이 피면 세계가 일어나네.

존자는 보리다라에게 법을 부촉한 뒤에 곧 그 자리에서 양손을 펼쳐 각각 광명을 놓으니, 스물일곱 줄기의 오색 빛이 찬란하게 빛났다. 반야다라 존자는 허공으로 몸이 솟아 올라 일곱 다라수 높이로 솟았다가 화화삼매에 들어 스스로 몸을 태웠다.

■ 해설

제27조 반야다라 존자는 법을 얻은 뒤에 교화를 다니다가 남인도에 이르렀습니다. 그 나라의 향지왕이 반야다라

존자를 궁으로 초청하여 지극히 예를 갖추어 모시고 공양을 올린 뒤에 값진 보배구슬을 보시하였습니다. 왕에게는 왕자가 셋 있었는데, 그 중 막내 왕자는 보살이었습니다. 향지국의 셋째 왕자는 중국 선종의 초조初祖가 되는 달마 스님을 가리킵니다.

반야다라 존자는 그의 지혜를 시험해 보려고 왕이 준 보배구슬을 가지고 세 왕자에게 물었습니다.

"이 보배구슬은 둥글고 깨끗한데, 이보다 더 나은 것이 있겠소?"

두 왕자가 모두 말하였습니다.

"이 구슬은 칠보 중에서도 가장 귀한 것이어서 그것을 능가할 보배는 절대로 없습니다. 존자와 같은 도력을 지닌 분이 아니라면 누가 감히 이런 보배구슬을 받을 수 있겠습니까?"

이 부분은 세속적인 사고와 출세간적인 사고를 묻는 것인데, 두 왕자는 세간적인 생각을 가지고 대답을 하고 있습니다.

그러나, 셋째 왕자인 보리다라는 다르게 말합니다.

"이것은 세속의 보석이기에 으뜸가는 것이라고 할 수 없으니, 모든 보석 중에서 법의 보석이 가장 으뜸이기 때문입니다."

보리다라는 '법의 보석'이 으뜸이라고 하십니다. 세속을 떠난 출세간의 입장에서 나온 표현입니다. 법의 보석은 우주를 하나로 볼 수 있는 안목을 말합니다. 법의 보석은 누구나 가지고 있습니다. 귀한 보석을 가지고 있지만 우리는 깨닫지 못해서 쓰지 못할 뿐입니다.

"이것은 세속의 빛이기에 으뜸이라고 할 수 없으니, 모든 빛 중에서 지혜의 빛이 가장 으뜸이기 때문입니다."

일반 보배구슬의 빛은 세속의 빛이어서, 으뜸이라고 할 수 없다는 말입니다. 지혜의 빛이란 우주를 하나로 보는 자리를 말하는 것입니다.

"이것은 세속의 밝음이기에 으뜸이라고 할 수 없으니, 모든 밝음 중에서도 마음의 밝음이 가장 으뜸이기 때문입니다."

마음의 밝음은 우주를 하나로 비추어 볼 수 있는 힘, 지혜를 말하는 것입니다. 우주를 하나로 보는 견해를 지혜 또는 반야라고 합니다.

"이 구슬의 광명은 제 힘으로 비추지 못하며, 지혜의 빛을 빌려야만 이것이라고 알아차릴 수 있는 것입니다."

셋째 왕자는 지혜의 뜻은 알고 있지만 아직 제 힘으로 비추지 못하고 하나의 도리를 얻어야만 참지혜의 밝음이라는 것을 알 수 있다는 말입니다.

"이것이라고 알아차린 뒤에야 구슬인 줄 알 수 있고, 구슬인 줄 알고 난 뒤에야 그 구슬이 보배인 줄 알 수 있습니다."

하나로 쓸 수 있는 지혜라야 진짜 보배구슬이라는 것을 알 수 있다는 말입니다.

"그러한데 스님께서는 그런 도가 있으셔서 보배구슬이 저절로 드러났고, 중생에게도 그런 도가 있으므로 마음의 보배가 저절로 드러나게 될 것입니다."

반야다라 존자는 이미 우주를 하나로 보는 능력을 자유자재로 쓸 수 있는 분입니다. 중생도 그런 능력을 누구나 가지고 있으니, 언젠가는 마음의 보배가 저절로 드러나게 될 것이라는 말입니다. 반야다라 존자와 보리다라의 대화에서 상당히 뜻 깊은 문답이 오고 갔던 것입니다.

그 후 향지왕이 세상을 떠나자 대중이 모두 구슬프게 통곡을 하였는데, 셋째 왕자만은 향지왕의 관 앞에서 선정에 들어 7일 만에 깨어났습니다. 과연, 여러 왕자 중에 누가 더 효자이겠습니까? 셋째 왕자는 7일 동안 향지왕의 정신세계를 이끌었던 것입니다. 두 왕자나 다른 분들은 겉모습만 보고 슬피 울었을 뿐입니다. 불자님들도 집안에 상(喪)을 당했을 때 울지 말고 염불을 하셔야 됩니다.

향지왕이 돌아가신 후 반야다라 존자는 보리다라에게 구족계를 주고 게송을 전하게 됩니다.

마음의 땅에서 여러 씨앗이 자라나며

'마음의 땅(心地)'이라는 것은 '하나'의 진여자리를 말합니다. 하나의 마음자리에서 수없이 많은 도인들이 나온다는 말입니다. 반야다라 존자의 법이 보리다라를 통해 중국에 전해져 무수한 조사들이 출현하게 되는 것입니다.

현상을 말미암아 다시 이치가 자라나네

현상이란 눈앞에 펼쳐진 물질과 의식의 세계를 말합니다. 이치는 실상인 체體를 가리킵니다. 그러나 체와 용은 둘이면서 하나입니다. 용用의 가지를 따라가 보면 뿌리에 해당하는 하나의 마음을 발견할 수 있습니다. 큰 느티나무의 가지를 따라가 보면 하나의 뿌리를 볼 수 있듯이, 우주도 마찬가지입니다. 물질로 나타난 모든 현상계도 근본을 따라가면 하나의 마음에서 나왔다는 것입니다.

'전체가 하나요, 하나가 전체'라는 말을 들어보셨을 것입니다. 하나는 실상을 말하고 전체는 물질로 이루어진 현상을 말합니다. 현상과 본질은 결국 하나라는 뜻입니다. 그래서 관세음보살을 염하는 '그놈〔眞如自性〕'도 하나에서 나온 것입니다. 일체를 하나로 보고 가는 것을 선禪이라고 합니다.

결과가 원만하면 보리도 원만하리니

하나의 도리를 알고 열심히 정진해서 진리와 하나가 되면 깨달음(보리)도 원만하다는 말입니다. 중생이 부처가 되면 과果를 원만히 이룬다고 해서 노사나盧舍那라고 합니다.

노사나는 결과가 원만하다는 '과만果滿'이란 뜻을 가지고 있습니다.

조계종의 종지宗旨는 석가모니 부처님의 자각각타自覺覺他 각행원만覺行圓滿한 깨달음을 근본교리로 받들고 있습니다. 스스로 깨닫고 남도 깨닫게 하는 부처님의 무위행無爲行은 원만한 것입니다.

꽃이 피면 세계가 일어나네

꽃이 핀다는 것은 부처와 하나가 되면 세계가 하나가 된다는 말입니다. 만공 스님께서는 "세계는 한 송이 꽃, 너와 내가 둘이 아니요, 산천초목이 둘이 아니요, 이 세상 모든 것이 한 송이 꽃"이라고 설하셨습니다. 숭산 스님도 세계가 하나의 꽃이라는 '세계일화世界一花'라는 표현을 많이 쓰셨습니다.

세상은 한 송이 꽃이 아니라고 그릇되게 생각하기에 세상 사람들은 늘 시비하고 다투고 피 흘리며 빼앗고 죽이는 아수라장을 연출합니다. '세계일화'의 참뜻을 펼치려면 지렁이 한 마리도 부처로 보고, 참새 한 마리도 부처로 보고,

심지어 미운 사람이나 원수마저도 부처로 보고, 다른 종교를 믿는 사람들도 부처로 봐야 할 것입니다. 그렇게 될 때 사람들의 마음은 한 송이 꽃처럼 활짝 피어나고, 세상 모두가 편안해질 것입니다.

반야다라 존자는 보리다라에게 법을 부촉한 뒤에 곧 그 자리에서 양손을 펼쳐 각각 광명을 놓으니, 스물일곱 줄기의 오색 빛이 찬란하게 빛났습니다.

양손에서 광명을 놓는다는 것은 인도와 중국에서 동시에 법을 펼친다는 뜻을 담고 있습니다. '스물일곱 줄기의 오색 빛'은 부처님으로부터 법을 이어받으신 스물일곱 분의 조사스님을 상징한 것입니다.

반야다라 존자는 허공으로 몸이 솟아올라 일곱 다라수多羅樹 높이로 솟았다가 화화삼매에 들어 스스로 몸을 태웠습니다. '다라수'는 버드나무나 포플라나무처럼 굉장히 키가 큰 나무를 의미합니다. 인도의 조사스님들이 이와 같이 삼매에 들어 스스로 몸을 감춘 것은 중국의 조사스님들과 다른 특이한 점입니다.

직지심경 강의
과거 칠불과 인도의 조사들

2010년 4월 26일   초판 인쇄
2010년 5월 10일   초판 발행

초   록 | 백운경한 스님
해   설 | 덕   산 스님
펴 낸 이 | 오 세 룡
펴 낸 곳 | 클리어마인드_(주)지오비스
등록번호 | 제 300-2005-54호
주   소 | 서울시 수송동 58 두산위브파빌리온 736호
전   화 | 02)2198-5151, 팩스 | 02)2198-5153
디 자 인 | 현대북스 051)244-1251

ISBN 978-89-93293-14-2   03220

정가 12,000원